子どもが
幸せになる
ことば

医師・臨床心理士
田中茂樹

ダイヤモンド社

はじめに

ドラえもんに出てくる**「出《で》木《き》杉《すぎ》くん」**。
クレヨンしんちゃんの**「カザマくん」**。
サザエさんの**「カツオ」**。
ちびまる子ちゃんの**「まる子」**。

あなたは、どのキャラクターが好きですか？

どうでしょう。

「カツオ」や「まる子」を選んだ人が、多いのではないでしょうか。

その理由は、カツオやまる子のほうが、**「子どもとしてラクそう」「人生を楽しんでいそう」**だからではないかと、私は思います。

私は、医学部を出てから、大学院で認知心理学や脳科学を研究してきました。言葉を話したり、他人の心を感じたりする脳の働きについて、論文や本を書いていました。そのなかで学んだことの1つは、「生き物の強さ」です。

今、生きているすべての生き物は、気の遠くなるような長い時間、過酷な環境を生き抜いてきました。人間も、数百万年前に立って歩き始めた頃から、ずっと進化を続け、競争に勝ち残り、子孫を増やして生き延びてきたのです。

雨が降っても家はなく、夜になっても電気はなく。ひねれば水の出る蛇口があるわけでもないし、食べ物は毎日見つけなければならない。ノミや蚊に悩まされ、大型の獣に襲われ、病気や怪我をしても病院や薬はない。

そんな状況で自分たちだけで子どもを産み、自然の中で育ててきた。何十万年も何百万年も、熱帯や砂漠や寒冷地でも生き続けてきた。
私たちも、私たちの子どもも、その子孫です。

赤ん坊は弱い存在だけれど「自分が生き残るためにどうすればいいか」「自分が幸せになるにはどうしたらいいか」という本能を備えて生まれてくる。

心理学や脳の研究、医師としての仕事を通じて私が確信したのは、この点です。
時代や環境は変化しますが、どんな環境でも、自分が生き残っていくためにどうしたらいいかを見つけていく力が、子どもには備わっています。

この本で私が書きたいことは、2つあります。
まず、子どもに「元気」でいてもらうには、親としてどう接するのがいいのか、ということです。

子どもはもともと元気な存在です。元気であれば、「幸せになるためにどうしたらいいか」を、自分で探して動き始めます。

そしてもう1つ。育児はそれ自体が目的であり、手段ではないということ。子どもとすごすこと自体が、とても贅沢で幸せなことであるということです。本書は、この2つのこと、つまり子どもが元気になる親の関わり方、そして、親が育児の幸せを感じられるようになるために、私がよいと思うことを、日常生活の親子の関わりの中で実践できる「言葉がけ」にまとめたものです。

子どもが赤ん坊の時期から高校生ぐらいまで、日常でよく見かける29の場面を取り上げて、「言いがちなことば」と「信じることば」を対比させて紹介していきます。

「言いがちなことば」は、子どものためを思って言ってしまいがちだけど、実は親が目先の安心を得ようとしていて、子どもの元気を奪う言葉です。

「信じることば」は、子どもの元気を引き出し、親自身の気持ちもぐっとラクになる言葉です。そして、子どもの幸せな自立につながる言葉でもあります。

そんな本を書く私は何者かということを、もう少しだけ説明しておきます。

私には4人の子どもがいます。そのうちの3人はもう家を離れて暮らしていますが、全員、やんちゃな男の子でした。

私は、大学院で認知心理学や脳科学の研究をしたあと、臨床心理士を育てるための大学院で教員になりました。そこで働くうちに、脳の働きを調べることから、人の心を癒すカウンセリングのほうに興味が移っていきました。

臨床心理士の資格を取り、カウンセリングの勉強をする中で、自分自身の心について、たくさんの気づきがありました。

その1つは、**私自身が、子どものころからずっと、親を喜ばせるために、知らず知らずのうちに「出木杉くん」を演じ続けて生きてきた**ということでした。

勉強はできましたが、自分が何をしたいのかということは、ずっとわからないままでした。そのためにずっと苦しんできたと、ようやく気がついたのです。

自分の心に正直に向き合おうとしながら、4人の子どもの育児を妻と一緒に経験できたことで、私はいろいろな思い込みや呪縛から解放され、心理学の知識が実践的な知恵になっていったと感じています。

そして現在は、医師として外来診察や往診など地域医療で働きながら、カウンセラーとして子育ての問題に悩む親の相談を受け続けています。**この20年ほどの間、5000回以上の面接を通して、育児の問題に関わってきました。**

また、15年ほど、地域の子どもたちのレクリエーションサークルを主催していました。**数十人の小学生と、毎週のように、近所の小学校の体育館で遊びを通して関わってきました。**

児童精神医学や発達心理学の専門家ではないですが、４人のやんちゃな男の子を育て、多くの子どもたちと15年間毎週遊び、今でも毎日のように子育ての悩みを抱える親と接している医師かつ臨床心理士、というのは、そう多くないのではないかと思います。

私が日々接している親御さんは、本当にさまざまな悩みを抱えています。

「どうサポートしたら、この子は幸せになれるのだろうか……」
「育児を失敗して、この子を不幸にしてしまったらどうしよう……」

「どうすれば（親がよいと思う方向に）子どもを導けるのだろう……」

子どもをかけがえのないものだと思うからこそ、親はいつも心配しています。

私も始めはそうでしたから、不安な親の気持ちはとてもよくわかります。食べ物も環境もしっかり整えてあげなければいけないと、心配ばかりしていました。

親を不安にさせるのは、食事や健康面だけではありません。

受験や語学などの勉強、感性を磨く、健全な脳を育てるなど、「正しい子育て」の方法の知識は、生活全般にわたります。

そういった育児書もたくさんあります。まじめな親ほど、そうした情報にプレッシャーや不安を感じてしまうでしょう。

でも、少しだけ考えてみてください。

「いまの良くない状態を、どうやって目標の状態に変えていけばいいのか」とか、「子育てを成功させなければいけない」というような姿勢で子どもに向き合うのは、しんどいし、楽しくないと思います。

育児がずっと辛抱の時間、課題をこなすような時間になってしまいかねません。子どもがどんな大人になるかという、その「結果」だけがすべてであるかのように、苦しみに耐えるかのように毎日を過ごしている親がとても多いと、日々のカウンセリングを通して感じるのです。

それに対して**「この子のいまの状態が次の段階に成長するのはいつかな？」と楽しみに待つような向き合い方は、ラクです。**不安よりも楽しみが多くなります。

それだけでなく、将来のいろいろな場面で「この子はなんとかするだろう」という気持ちをもてる下地が、親のほうに作られていきます。

そして、不思議なことに、親がそう思ってくれているということを感じ取るかのように、子どもには少しずつ、しっかりと自信が育っていくのです。

そういう実際のエピソードを、本書ではたくさん紹介していきます。

だから、どうか気を張らずに、気楽に読み進めてみてください。

最初にはっきりと書いておきますが、私は臨床で出会った多くのケース、そして自分の育児を通して「ラクに育てていい」と確信を持っています。

しかし、読者に「こうすべきだ」といいたいのではありません。それぞれの親子の状況は違うし、なにが「よい」のかだって家庭によって違うはずです。

子どもにラクに接してもいい、やさしく接しても大丈夫なんだよということを、育児が楽しめていない親に知っていただきたいのです。

そして、「そういう接し方もあるのか」と知ることで、子どもにイライラすることが少しでも減ればと、私は強く望んでいます。

親がイライラしているのは、子どもにはつらいことです。
逆に、親がいつも楽しそうにしていることは、子どもを安心させます。

子どもをどれだけ安心させられたか。

いかに楽しい気分で、子どもとの時間を過ごせたか。

「そのままの自分を、親は大切に思ってくれているんだ」

「親は、自分が生きているだけで幸せだと思ってくれているんだ」

そのような感覚を持てることは、子どもが、この先の幸せな人生に向けて貯金するようなものです。

その貯金は「しんどいことがあっても、まあなんとかなるよな」という根拠のない楽観性となって、何度となく訪れる人生のピンチで子どもを支える宝物になります。それは、成績や学歴よりも、ずっと強い力です。

ひょっとしたら、この本を手に取ったあなたも、私の元を訪れる親のように、子育てに悩みを抱えていらっしゃるのかもしれません。

本編に入る前に、1つだけ、覚えておいていただきたいことがあります。

今、あなたのそばで、わがままを言ったり泣いたりしている子どもの関心のすべては、あなたに向けられています。

でも、やがて、ほんとうにあっという間に、あなた以外のほうに関心が向いていくようになります。

子どもの生活のすべてを親が知っている。
子どもがいつも「お父さん」「お母さん」と呼びかけてくれる。
そういう日を懐かしむ日が、すぐにやってきます。

いま、幼い子どもといられる短い期間を、ぜひ大切にすごしてください。
これから紹介する場面で、子どもが現実の厳しさを知って困っているようなときこそ、愛情を注ぐチャンスだと思って、しんどい場面を、幸せな状況に切り替えてください。

あなたの子育てが、いまよりもっと、幸せなものになることを望んでいます。

2019年1月　田中茂樹

子どもが幸せになることば　もくじ

はじめに 「出木杉くん」と「ちびまる子」……001

第1章　0～3歳　子どもが世界と出会う時期

1 予防接種の注射をこわがっているとき……025
言いがちなことば 「泣かずにがんばろうね」
信じることば 「痛かったね。よくがんばったね」

2 歯磨きをしないとき……031
言いがちなことば 「歯を磨かないと虫歯になるよ」
信じることば 「困ったもんだ！」

3 子どもが急かしてくるとき……　037
言いがちなことば　「待っててって言ってるでしょ！」
信じることば　「ほんとに楽しみだね！」

4 食べ物をこぼしてしまったとき……　043
言いがちなことば　「だからこぼすって言ったでしょ！」
信じることば　「大丈夫だよ。拭いとくね」

5 買い物でダダをこねているとき……　049
こう思ってしまいがち　（こんなわがままを許していていいのだろうか……）
こう思えると楽しい　（思い通りにならなくて泣くのも、いまだけだよな）

コラム　●「子育て本」を読むべきか？　056

第2章　3〜5歳「その子らしさ」が出てくる時期

6 野菜を食べられないとき…… 061
言いがちなことば「野菜も食べようね。健康にいいんだよ」
信じることば「ふーん、野菜が苦手なんだね」

コラム ● 小さい頃から英語を学ばせるべきか？ 068

7 弟や妹ができて、わがままが増えたとき…… 071
言いがちなことば「赤ちゃん泣いてるから、ちょっと待って！」
信じることば「あなたが生まれて
お母さんもお父さんもすごく幸せだった」

8 こぼさずになんとか食べられたとき…… 079
言いがちなことば 「えらいね！」
信じることば 「おいしかった？」

9 指しゃぶりしたり爪を噛んだりしているとき…… 083
言いがちなことば 「もう小学生になるんだからやめなさい！」
信じることば 「小学校、楽しいといいね」

第3章 6〜8歳 学校生活が始まる時期

10 好きな番組が始まる前からテレビの前で待っているとき…… 091
言いがちなことば 「テレビをそんなに真剣に観なくていいの！」
信じることば 「たいした集中力だな！ お茶、置いとくよ」

11 「もう学校には行かない！」と言ったとき…… 095
言いがちなことば 「そんなことを言わないの！」
信じることば 「それぐらい嫌だったんだね」

コラム ● わが子が「発達障害かもしれない」と思ったら 103

12 いっしょにスポーツやろうと誘ってくれたとき…… 111
言いがちなことば 「やるからには、きちんとできるようになろう」
信じることば 「これ、なかなか楽しいなぁ」

13 子どもに自信をつけさせたいとき…… 115
言いがちなことば 「そんなすごいことができて、すばらしい」
信じることば 「いまのままで、すばらしい」

14 親からみて間違ったことを主張してきたとき…… 119
言いがちなことば 「いやそれは間違っている。その理由は……」
信じることば 「自分の意見を言えるのはいいことだ」

第4章 9～12歳 思春期が始まる時期

第5章　13歳以上　親子の別れが始まる時期

第 1 章

0～3歳

子どもが世界と出会う時期

泣いても笑っても何をしても、
「お父さんお母さんに
守られている」と安心できる。
そうやって子どもは、
世界を、そして自分のことを
好きになっていきます。
「根拠のない楽観性」を
植え付ける言葉を、
どんどんかけてあげましょう。

1

予防接種の注射をこわがっているとき……

言いがちなことば

「泣かずに
がんばろうね」

↓

信じることば

**「痛かったね。
よくがんばったね」**

幼い子は、病院でよく泣きます。お医者さんや看護師さんもいろいろと工夫してくれますが、予防接種で何回も行くうちに、歯医者さんに何度も通ううちに、子どもの中で、病院の雰囲気と「こわい体験」が結びついてしまう。いつもと違う場所で、親も、いつもとなんだか感じが違って……。

いつまでも泣き続ける子はいないと頭ではわかっていても、待合室などで、よその子が自分の子より小さいのにしっかりしている姿をみると、やはり親としては焦りますね。

でも、**「いまの良くない状態」（診察のたびに大泣きする状態）を、どうやって「目標の状態」（泣かずに辛抱できる状態）に変えていけばいいのか、という向き合い方だと、しんどいし、楽しくない**と思います。「私がなんとかしなければいけない」と、考えてしまうからです。

そうではなくて、**「この子のいまの状態が、次の段階に成長するのは、いつかな？」**と楽しみに待つような向き合い方は、ラクです。

ある母親から聞いた話です。

4歳になる息子さんが、よく鼻炎を起こして耳鼻科にかかるのだそうです。病院に行くときは、家を出るときからもうめそめそしている。その子の姉も同じように、よく鼻炎で耳鼻科に通ったそうですが、姉は2歳から全然泣いたりしなかったので、姉弟の違いにとまどっていました。

待合室ではアニメのＤＶＤを見て機嫌良くしているのに、名前を呼ばれた瞬間に毎回「いやだ～！」と泣きだす。看護師さんや母親に押さえつけられて喉や鼻を診てもらうそうです。

看護師さんからは、「泣かない子もいれば、遅くまで泣く子もいるから、気にしなくても大丈夫ですよ」と言ってもらい、「この子はこういうタイプなんだ」と、母親は受け入れて見守ってきたそうです。

ところが先日、家を出るときから、子どもの感じが違ったといいます。

待合室では、ＤＶＤも観ずに前を向いてじっと座っている。名前を呼ばれたときも、母親が声をかける前に、自分で歩いて診察室に入って行く。診察でも自分で口を開けて診てもらったと。先生や看護師さんから「今日は、すごいやんか！」と褒めてもらえて、子どもも満足そうだったといいます。

母親は、そのときの自分の気持ちを話してくれました。

「いつもと違う感じの息子をずっと見ていてわかりました。**あの子も、診察で泣くのは不本意だと思っていたんです。他の子と同じように泣かないでやり通したいと思っていたんだなと。**そして立派にやり通した。いつかそういう日が来るとは思っていたけど、来てしまうと、うれしいというより、どこか寂しい気がしました。もうあの子を抱きかかえて診察室に入ることはないんだなぁと」

出来事としては、どの子どもにも起こる、普通の成長のワンステップです。泣くのはおかしい、かっこ悪いと、子どももわかっているんです。

もし親が、このワンステップを「自分が主導してやらねばならない、やっかいな仕事」と感じていたら、少しホッとするだけかもしれません。

「ああ、ようやくこの階段は上がれた。でも、まだまだしないといけないことがたくさんある。たいへんだな……」と。

しかし、この母親のような姿勢、蒔《ま》いた種から芽が出てくるのを楽しみに待つような姿勢で子どもに向き合えたら、どうでしょう。

ハイハイができるようになったとき。

つかまり立ちができるようになったとき。

そういう一段階と同じように、子どもが世界に対して自分の力を大きくしていく素晴らしい瞬間を、感動をもって、いい意味で距離をもって、味わうことができます。「次は、どんなことで感動させてくれるのかな？」と。

「子どもをいかに良く成長させるか？」とか「そのために、親はどうしなければいけないか？」など、そういう姿勢ではなくて、「子どもに起こる成長や、子どもが自分で達成していくことを楽しみに待つ」という姿勢を意識できれば、育児の期間のしんどさを減らすだけでなく、喜びを増やせると思います。

そして、**将来のいろいろな場面で「この子はなんとかするだろう」という気持ちをもつことができる下地が、親に、作られていきます。**

不思議なことに、親がそう思ってくれているということを感じ取るかのように、子どもには、自信が育っていくのです。

2

歯磨きをしないとき……

言いがちなことば

「歯を磨かないと
虫歯になるよ」

↓

信じることば

「困ったもんだ！」

3歳の息子さんと、そのお父さんは、毎晩バトルになっていました。

歯磨きをするかしないか、で。

そのお父さんは歯科検診に子どもを連れて行ったとき、待ち合い室のポスターで「子どもの虫歯は親の責任です」と書かれていたのを見て、自分がしっかり磨かせないといけないんだ、と思ったようです。

息子さんは、歯磨きが特別嫌いでもなかったようですが、お父さんがしつこく言うからか、反発して「あとで！」と言ったり、まだ磨いていないのに「もう磨いたよ」と、ウソをついたりするようになっていったそうです。

はじめのうちは「歯磨きをしないのなら、もうおやつは食べさせないぞ！」などの〝兵糧《ひょうろう》攻め〟や、「歯磨きをするなら遊園地に連れて行くよ」などとご褒美で釣ったりしていました。

しかし、バトルはだんだんエスカレートして、最近は毎晩のように泣き叫ぶ子どもを、無理やり押さえつけて磨いている状態だったそうです。子どもを床に寝かせて、両手を足で押さえて、無理やり口を開けて磨いていた、と。

別のケースで、保育園で他の子をたたいたり、ものをぶつけたりという「問題行動」が出てきて相談に来られた親がいました。やはり、親がかなり無理やり歯磨きをされていました。

詳細は書きませんが、**毎晩押さえつけて歯磨きすることをやめると、子どもの「問題行動」が、やがておさまっていきました。**なぜなのでしょうか？ 正確なしくみは定かではありませんが、子どもの問題行動は、押さえつけられて歯磨きをされることへのＳＯＳだったのではないでしょうか。

ところで、私の家の４人の子どもたちは、歯磨きが好きな子もいれば、めんどくさがりで磨かない子もいました。とくに末っ子は、感覚過敏のために、歯磨き粉のにおいはもちろん、歯ブラシの感触も受け付けず、小学生になるまで歯磨きをしていませんでした。

保育園では、なんとか辛抱して歯磨きの真似ごとはしていたようですが。それでも虫歯はありませんでした。むしろ、毎日よく磨いていた兄のほうが虫歯があったりして。なので、さほどこだわることはないのだなと私は思っています。

私が言いたいのは、子どもは磨かなくても必ず虫歯になるわけではないとか、磨きたくないなら磨かせなくてもいいよ、ということではありません。歯磨きをきちんとできることは、子どもが身につけるべき望ましい習慣であることに、異論はないでしょう。

しかし、**嫌がる子どもを押さえつけてまでやらねばならないほど、それほど絶対必要なことなのか。その利益衡量《こうりょう》、つまり「メリットとデメリットはどちらがどれぐらい多いのか？」を考える**べきだと思うのです。

歯磨きは、泣き叫んで抵抗する子を押さえつけてまでやらねばならないほど、それほどまでに切羽詰ったものではないはずです。

たとえば予防接種の場合、病院の先生も押さえつけて注射をすることがありますね。暴れると危ないですし、予防接種の大切さは幼い子に説明してもわかりづらい。病気になることのリスクを考えれば、予防接種はすべきなのです。

しかし歯磨きは、嫌がる子に対して力を使ってやらせなければならないことなのでしょうか。それを冷静に考える余裕が、子育てを楽しくすると思います。

「そんなこと言って、ずっと磨きたがらなかったらどうしたらいいんですか！」
「他の子はみんなきちんとできているのに、うちの子だけは磨かないまま放っておくなんてできません！」

そのような質問や意見は、私の講演でもよく受けます。でも、これはすぐになんとかしなければならないやっかいごと、つらいけど取り組まねばならない苦しい仕事ではない、と私は考えます。

やがて小学生になれば、磨くようになるんです。**思春期になって、気になる相手ができてきたら、マウスウォッシュやら、ミントガムやら、そんなものまで自分で買ってくるんです。**

なので、歯磨きという習慣と、この子がどうつき合っていくのか。その長いつき合いのはじまりの地点に私たちはいるのだなぁと、のん気に構えても大丈夫です。これは困ったことではなくて、笑える話だと思ってもいいでしょう。

「うちの子は歯磨きが大嫌いで、困ったもんです！」と言ってもいいんです。**「上手にしっかり育てないと……」と追い詰められていると、「たかが歯磨き」でも、焦って、悩んで、親も子も苦しむことになりかねません。**

子どもが育つ過程では、いろんなことがあります。

早くできることもあれば、なかなかできないこともある。

でも、どのプロセスも、うまくいっても手こずっても、少し客観的な視点で、それ自体が宝物のような体験だということを思い出してみてください。そういうゆとりを持つことができたら、「子どもの歯磨き嫌いぐらい屁でもないさ！」と、気楽に向き合えるようになります。

歯を磨かない子どもが問題なのではなくて、「歯磨きぐらいどーってことないよね」と思えない自分の余裕のなさのほうに意識を向けてみると、景色が変わりますよ、という話なのです。

3

子どもが急かしてくるとき……

言いがちなことば

「待っててって
言ってるでしょ！」

↓

信じることば

**「ほんとに
楽しみだね！」**

夏。子どもを連れてプールに行くのは大変です。タオルや水着、ラッシュガードやゴーグル。着替えや水筒もいります。しっかり確認して出かけても、今度は自分の水着がなかったりします。

また、子どもの水着や道具は、サイズがすぐに合わなくなります。なので、私のようにそそっかしい親にとっては、プールは本当に緊張するお出かけです。

あるとき、子どもを連れて、レジャープールに行ったときのことです。

混み合ったプールの更衣室で、若いお父さんが、小さな男の子2人を連れてきていました。そのお父さんは、自分の着替えもそこそこに、まず下の子（2歳半くらい）を、水着に着替えさせました。

その子に「ちょっと待っててね」と言い聞かせて。

次に上の子（5歳くらい）の着替えの手伝いにかかりましたが、水着が小さいのか、気に入らないほうの水着だったのか、上の子は、一度着ていたラッシュガードを脱いでしまいました。

お父さんはちょっとイライラして叱りながら、また着せようとしますが、子どもは嫌がるし、裏返ったラッシュガードがねじれて、うまく元に戻らなかったりして、だいぶ手こずっているようでした。上の子は、もう泣き出しそうでした。そうこうしているうちに、子どものバッグから着替えのシャツがこぼれて、床に落ちて少し濡れてしまいました。お父さんの舌打ちが聞こえました。

遊びに来ているときは、大人も気持ちが浮かれるので、少し子どもに返りやすいのだと思います。いわゆる「退行」「子ども返り」と言われるものです。気分の動きも大きくなりがちで、はしゃいだり笑ったりもしますが、怒りっぽくなったりするものです。子どもも当然、いつもより声が大きくなり、ワクワクして待ちきれないし、わがままになったりします。

さて、この場面で、助け船を出すほどでもないようだったので、私は少し離れたところから見ていました。

先に着替えさせてもらった下の子は、更衣室からプールにつながる出口のほうに少し近づいて、立っていました。そこで、プールのほうから聞こえてくる音や人の声を聞いているようでした。

やがて、その子が、とりこんでいる父と兄のところにやってきました。そしてお父さんの後ろから、「パパ！」と声をかけました。

お父さんは、上の子の水着のパンツの紐がどうも中に入ってしまったようで、直すのにかなり苦戦していました。下の子がお父さんに「早く、早く」などと言うのではないかと、私はヒヤヒヤし始めました。

お父さんは、下の子のほうをちょっとこわい顔で振り返りました。「まっ」と言いかけたのは、たぶん「待ってって言ってるでしょ！」などと叱るつもりだったのだと思います。

でも、一瞬早く、下の子が大きな声で言ったのです。

「パパ！ たのちみだねぇ！ プール！ たのちみだねぇ！」

これ以上ないというような笑顔でした。そして、かわいい、かわいい声でした。本当に楽しみで仕方がないという気持ちがそのまま表現されていて、父親の怒りも、叱られてすねていた兄の泣き顔も、つられて一瞬で笑顔になりました。

私を含めて更衣室にいた大勢の人が、みんな「たのちみだねぇ！」の効果で、笑顔になりました。こうしていま、あの場面を思い出して書きながらも、あの声と笑顔の記憶が蘇《よみがえ》ってきて、幸せに心が満たされます。

子どもの感情の動きは、素直で、大人よりも振れが大きいですよね。その表現の仕方も、無邪気で、無警戒です。

私も幼いころには、あれほどにうれしいことが、よくあったような気がしました。ああやって「たのちみだねぇ！」と、声に出したような気がしました。そんな気持ちが、いまでも心の深いところに生きて残っているように思います。

子どもと一緒に出かけると、イライラさせられることは多いです。移動も簡単ではないですし、荷物も多いし、子どもは言うことを聞きません。

それでも、無邪気で無防備な子どもの心に**「たのちみだねぇ！」という体験をしてもらうため、子どもに笑ってもらうために、私たちは、疲れても、しんどくても出かけていく**のです。

その一番の目的を、見失わないようにしたいですね。

4

食べ物をこぼしてしまったとき……

言いがちなことば

「だからこぼすって
言ったでしょ！」

↓

信じることば

**「大丈夫だよ。
拭いとくね」**

食事のとき、幼い子は、食べ物をよくこぼします。コップやスープに手が当たって、ひっくり返します。４歳頃になると、注意力が整ってくるので、ひっくり返す回数はぐっと減ってきます。

しかし、成長には大きなバラつきがありますので、５、６歳になってもこぼす子もいます。何かに気を取られたりすると、とくにそうなりがちです。

子どもが欲しいと思ったものに手を伸ばすとき、その途中に他のものがあるということが手の動きに組み込まれていません。

まだ、「手が賢くなっていない」のです。

テーブルの端っこギリギリのところにコップを置いたり、手やひじが当たりそうなところにお椀を置いても気にしません。

そういう位置にものがあるとこぼしやすいという「身体の知識」が、まだないのです。

もう少し年齢が上がり小学生になるころには、知識も増えて、周囲に注意が行き届くようになってきます。

しかし、それまでは、いくら注意されても叱られても、難しいのです。「わざ

とやらない」とか「不注意」なのではなく「できない」のです。

大人がこぼしたりひっくり返したりしないのは、意識的に注意しているからではなく、意識しなくても自動的に注意が働いているからです。

子どもの失敗は、「わざと」ではありません。なので、そのような未熟さを叱ることは、役に立たないどころか、子どもの自尊心をおとしめます。叱っても、利益はありません。そのような場所にコップやお椀を置いた親のミスだと割り切って淡々と片づけるのが、いちばんいい対応方法です。

「でも、注意しなければ、こぼしてもいいと思ってしまいませんか？　いつまでもひっくり返しませんか？」

「食べ物をこぼしても平気では、食べ物を粗末にする子になりませんか？」

このような話をすると、そういう質問がいつも出されます。でも、心配はいりません。**子どもは叱られなくても、褒められなくても、ちゃんとできるようになりたいと思っている生き物**です。

こぼしたくないと思っているし、きちんと食べたいと思っています。そして、叱られなくても、こぼしたこと自体が子どもにとっては残念なことなのです。毎回叱っても、全然叱らなくても、どうせ、やがてひっくり返さなくなります。小言を言い続けると、子どもの自尊心や積極性を育てそこなうかもしれません。**育ちそこなった自尊心や積極性を回復するのは、大変**です。食べることが好きでなくなってしまったら、その子はこの先の人生における喜びを大きく奪われることになります。

自尊心や積極性を回復するためにかかる費用は、こぼれたみそ汁を片づけるのにかかる費用や労力とはケタ違いになるということを、食卓での子どもの失敗に小言が言いたくなったときに、思い浮かべてください。

同じような子どもの失敗として、おねしょがあります。**おねしょをしたときに親がすべき対応は、「大丈夫だよ」とやさしく言って、騒がずに、何でもないように片づけてあげること**です。子どもは、不注意で失敗したのではないのです。

「寝る前にお水飲みすぎたからよ！」とか「トイレに行ってから寝なさいって言ったのに！」などと責めることも、有害です。

子どもは、自分で排泄のタイミングを学んでいかねばなりません。寝る前に水を飲んだって、トイレに行かなくたって、そのうちにおねしょはしなくなります。くどくどと嫌なことを言わず、やさしく片づけてあげれば、それは子どもへの愛情を示すいいチャンスになります。禍《わざわい》を転じて福となせるのです。

子どもは、幼くても、親が愛情を示してくれたことを必ず覚えているものです。といっても、「おねしょしたときに文句を言わずに片づけてくれたね」というように、言葉で出来事を思い出して語ることができるということではありません。

そうではなくて、出来事のイメージ、たとえば夜の寝室の光景や肌寒さやオシッコのついた衣服やシーツの感覚やにおいなど。そして、それに伴った気分や感情、たとえば親が世話してくれたときの態度や言葉がけから受けとった安堵感などとして、漠然と記憶されます。

それは、いつか子どもが大人になって、自分の子どもが同じようにおねしょをしたときに、無意識に蘇ってくるかもしれません。

冬の夜など、子どもがおねしょをすると、親は大変です。寒い部屋でシーツを替えて、子どもを着替えさせねばなりません。

でも、もし、そんな大変な状態なのに、なぜか妙に温かい幸せな気分になったとすれば、それはもしかしたら、自分が子どものときに親から与えられた幸せな記憶が蘇ってきているのかもしれないのです。

母親が疲れていて、やさしく接する余裕がないようなら、父親の出番です。眠り込んでいた夜中に、子どもが「おしっこ出ちゃった」と、小さな声で言います。勇気を出して起き上がり、子どもを着替えさせて、バスタオルを応急処置で敷いて子どもを寝かせましょう。そのあと、シーツやパジャマ、パンツを、風呂場でぎゅっぎゅっと押し洗いしましょう。

ここで愛情を注いでおくことは、将来子どもが幸せになることへの、これ以上ないぐらいに有効な投資なのだと思って、その苦労の価値をかみしめながら、押し洗いしましょう。

5

買い物でダダをこねているとき……

こう思ってしまいがち

（こんなわがままを
許していて
いいのだろうか……）

↓

こう思えると楽しい

**（思い通りに
ならなくて泣くのも、
いまだけだよな）**

大泣きしている2、3歳の子どもと、怒っていたり困っていたりする親の姿を、ショッピングセンターやファストフード店などで、みなさんもしょっちゅう見かけると思います。

私が見かけたのは、次のような場面でした。

スーパーのレジで並んでいたとき、前に、2歳ぐらいの男の子と、その母親がいました。男の子は、小さなお菓子の袋を持っています。レジで支払い済みのテープを貼ってもらって、自分で持っていくつもりのようでした。

その親子の順番になって、母親は、男の子のお菓子の袋を取ってレジ係の女性に渡しました。女性はテープを貼って、男の子に笑顔で「どうぞ」と渡してくれました。しかし、男の子は、そもそも自分で女性にお菓子を手渡したかったようで、泣き出しました。

「じぶんで！」と。

支払いが終わって、レジから移動してからも、男の子は「じぶんで！　じぶんで！」と泣き叫んでいました。母親は、なだめたり、叱ったりしていましたが、男の子の「じぶんで！」は収まりませんでした。

なんでそんなことでそこまで泣くのか、そんなに怒るのかと、大人になった私たちは思いますね。でも、子どもにしてみれば、すごくショックなことなのかもしれません。**私たちは子どもの頃の気分や、あのとき世界がどう見えていたかを、忘れてしまっていることが多いのです。**

思っていた通りにならなかったときの悲しみは、子どもにはとても大きいようです。そして、自分の思い通りにしてくれなかった親に対して、激しい怒りや、かんしゃくが出ます。

こういうとき、親は叱り続けることもあるし、鬼の形相、もしくは氷の無表情で立ち尽くしているだけのこともあります。

「母親と子ども」というペアをよく見かけるのは、小さい子を世話しているのは、まだ母親のほうが多いからでしょう。父親がもっと子どもと関わるようになれば、父親と子どものペアも見かけるようになるでしょう。

さて、私であれば、このような状況になったら、子どもではなく、親である自分の機嫌を直して、子どもを泣き止ませる。できれば笑わせる。そちらに力を向けると思います。そのほうが、親にとっても、子にとってもよいからです。

「じぶんで！」と泣きながら怒っている子には、子どもの悲しみを意識しながら、**「ごめんね」**と声をかけると思います。

「すべて子どもの言う通りにせよ」と言っているのではありません。たとえば子どもが何かを買ってほしいと言っている場合に、「それを望みどおりに買ってあげろ」というのではないのです。

親から見れば理不尽な要求であっても、子どもにはまだ、社会の、この世の理屈がわかりません。

わざと親を困らせようとしてわがままを言ってるのではなくて、世界が、現実が自分の思い通りにならないつらさを、一つひとつ学んでいる途中です。成長における、1つの大事なステップなのです。

泣き叫んでいる子どもと向き合って、自分が怒りでいっぱいになっていると、なかなか切り替えられません。わがままや暴力を許してはいけないと、親としての役割が気になってきます。

そんなとき、大人は、がんばれば、気持ちを切り替えられます。

でも、それは子どもにはできないことなのです。

だからこそ、「ああ、この子は思い通りにならない現実を学んでいるんだなぁ」と、愛《いと》おしみながら向き合うのです。これは困った場面ではなく、育児の楽しみの1つなのだと。

かくいう私も、保育園に連れて行くとき、よく子どもにかんしゃくを起こされて、途方にくれました。よくあったのは、お気に入りの戦隊モノのシャツが、洗濯中で乾いていないので、それを着なきゃ行きたくないと子どもが泣き叫ぶ。なだめても説明しても収まらない。遅刻しそうになって、自分も我慢の限界で……というパターンです。いま思い出しても、なかなかつらい時間でした。

ダメなものはダメだと叱らないと、思い通りにならなかったら毎回泣き叫ぶ子になるんじゃないかとか、泣いたらなんでも聞いてもらえると学習してしまうのではないかなど、子どもの将来のことまで心配する方もいると思います。

また、他の人の目も気になりますよね。子どもの泣き声にうるさい人もいますし、そんなネットの記事なども、頭をよぎるかもしれません。

また、同じぐらいの子はこんなにかんしゃくを起こさないのにとか、兄や姉と比べてこの子はわがままずぎるのではないかなどと、他の子と比べて不安になることもあるかもしれません。

しかし、成長には大きな個人差があるのが普通です。**「つらかったね」「残念だったね」**と共感しながら、自分の気持ちをまず落ち着けて、しばらく子どもと向き合って、子どもが成長しているさまをイメージしながら、子どもに寄り添いましょう。そういうとき、私はゆっくり呼吸することを意識しています。

子育ての中の、このような時期は、一瞬で過ぎ去ります。

ぜひ、この言葉を思い出してください。この言葉は、その日すぐには役に立たないかもしれません。それでも、「やがてこんな日を懐かしいと思う日がくるって書いてあったなぁ」と心に留めておくことで、少しは、余裕が持てるはずです。

泣いている子の関心のすべては、親に向けられています。でもやがて、あっという間に、親以外に関心が向けられていきます。

子どもの生活のすべてを親が知っている、子どもはいつも「お父さん」「お母さん」と呼びかけてくれる。そういう日を懐かしむ日がすぐにやってきます。

いま、幼い子どもといられる短い期間を、ぜひ大切にすごしてください。子どもが「現実の厳しさ」を感じて泣き叫んでいるときは、愛情を注ぐチャンスだと思って、つらい場面を、幸せな状況に切り替えてあげてください。

「子育て本」を読むべきか？

ある若いお父さんが、私に話してくれたことです。

彼には3歳の娘さんがいます。娘の絵本を買おうと立ち寄った書店でのこと。絵本コーナーの近くに育児本のコーナーがあり、そこに平積みされたたくさんの本のタイトルや帯の言葉、表紙の写真に圧倒されたと言います。

「びっくりしました。最近の子育て本はまるでビジネス書というか、それ以上ですね。マッチョ感と言いますか、親を急かすかのような上昇志向であふれていました。

太いゴシック体で『最高』『最強』『頭が良くなる』などの言葉のオンパレード。外国人の子どもの写真、みっちり入った帯の宣伝文句。正直、私は親として、この棚の前で、息が詰まりました」

父親としての彼の直感に、私も深く同意します。世界レベルの子育てやＩＱを高める子育てなど、いかめしい、はなばなしい言葉の意味するところは、そのような「方法」を使って親が子どもを導けば、「高い水準」に子どもをもっていけますよ、ということだと思います。

ＩＱが高まったり「世界レベル」の子どもになれば、大人になって成功し、幸せになれるだろうと期待して、親はそのような本を読むのでしょう。

親を不安にさせるのは、受験や語学などの「お勉強」だけにとどまりません。感性を磨く。芸術センスをよくする。正しい栄養バランスで、健全な脳を育てるなど、子どものために「正しい子育て」の方法の知識は、生活の全般にわたります。真面目な親ほどプレッシャーや不安を感じるのではないでしょうか。

これらの本に書いてあるようにしてあげなければ、自分の子どもは幸せになれないのではないかとか、子どもに「良い環境」を与えてやれない自分は悪い親なのではないか、などの不安です。

私がこの本を書く目的は、そのような不安にとらわれている親に、少しでもラクになってもらいたいということです。育児を楽しむことを、親に提案することです。こうしたほうが「すばらしい子ども」になりますよ、という方法にあふれているけれど、それにとらわれることはありませんよと、専門家として提案したいのです。

どう育てることが子どもの幸せのために良いかを、全般にわたって「科学的に」検討することは、もちろん不可能です。いろいろな研究の結果がよく紹介されますが、それらは、あるいくつかの項目に絞って、その影響を大勢の人で調べた結果です。たとえば、毎日のように両親のけんかを見た子どもは、そうではない子どもよりも情緒が不安定である、のように。

本書で私が述べるのは、個人的な意見であって、そうした科学的根拠のある理論ではありません。ただし、「はじめに」に書いたように、まったく当てずっぽうでは、もちろんありません。

子どもに勉強をさせようとか、スポーツを上達させようと、むきになって取り組まなくてもいい。

その代わり、**どうやって子どもを笑わせようか、どうやって喜ばせようかと、それだけを考えて、のん気に育児を楽しんでもいい。そのほうが、子どもは幸せになるし、親も育児の時間が楽しくなる。**

私がこの本でお伝えしたいのは、そういうことです。カウンセリングや診察、子どもとの遊びでの関わり、自分自身の育児という経験を通して得た「専門家」としての、1つの意見です。

本を読んだだけで、すぐにその通りにできるとか、すぐに心がラクになるとか、そういうことはないと思います。

それでも、脳や心の専門家でも、こんなにラクに子育てをしているのかと知ってもらうことで、育児で不安になったり、追い詰められたりしている親が少しでもラクになればいいと、心から願っています。

第 2 章

3〜5歳

「その子らしさ」が出てくる時期

親にはわがままにしか
思えないことも、
子どもにとっては
勇気を出した自己主張。
成長の早さは、
子どもによって違うものです。
伸び方が遅いことに
とらわれなくても大丈夫。
「その子らしさ」が
育っていくのを
楽しめる言葉を紹介します。

6

野菜を食べられないとき……

言いがちなことば

「野菜も食べようね。
健康にいいんだよ」

↓

信じることば

**「ふーん、野菜が
苦手なんだね」**

食べ物の好き嫌いは、親が悩むことの1つだと思います。小学校の給食では、いまだに「全部食べ終わらないと遊びに行ったらダメ！」という方針の先生もいると聞きます。

苦手な食べ物を無理に子どもに食べさせるのは、メリットよりもデメリットのほうが大きいと、私は思います。食べ物の好みは自然に変化しますし、子どもが自分で「食べてみよう」と思うまで待ったほうがいいと考えています。

もっと大きなことを言えば、食事というのは大きな楽しみのもとです。栄養をとるだけでなく、**家族や仲間と心触れ合う機会でもあり、そういうことも含めて生きていく力の源**であって、人生においてとても重要な要素だと思うからです。

しかし、学校には学校の考え方があるでしょうし、教育は、長い歴史のある分野ですので、私は自身の子育てでは、「学校の中のことまでとやかく言わないでおこう。先生方にお任せしよう」という方針でやってきました。

食べ物の好き嫌いに関して、心に残っているケースを1つ紹介します。

Aくんの食べ物の好き嫌い、保育園での友だちとの関係などに関して、父親がしばらく私の元に相談に通われていました。Aくんは無理に食べようとすると、吐いてしまうほど野菜が苦手な子だったのです。

多くの親と同じように、その父親も、Aくんの野菜嫌いを気にしていました。

「なんでも食べられる子のほうが、生きる力が強いと思う」
「肉ばかり食べたら、肥満になりやすかったり病気にかかりやすいのでは？」
「野菜を食べなかったら、将来高血圧や糖尿病になりやすいのでは？」

など、いろいろと心配していました。その後、Aくんは小学生になり、親の心配に反して、毎日元気に楽しそうに学校に通っていました。給食が始まってしばらくして、Aくんがふと、父親に話しかけたそうです。

「パパ、昨日の給食はたいへんやったでー。おかずに黒豆が入ってたんや。ベロに3回ぐらいしか豆が触らんように、ゴクって飲み込んだんやで」

「え？　豆を食べたの？　豆食べられたっけ？」

父親は、思わずたずねました。

「昨日のデザートはパイナップルだったんや。だからがんばった」

パイナップルは、Ａくんの大好物です。

「ならパイナップルだけ食べたらよかったのと違う？　家ではそうやんか」

そう言った父親に対して、Ａくんは、「これだから大人はしょうがないなぁ」

というような表情をして、かっこつけながらこう言ったそうです。

「あのなパパ、学校にはルールがあるねん！　デザートを食べる前におかずを全部食べないとあかんねん！　お家だったら嫌いなもの食べなくていいやろ？　でも学校ではそれはダメ。これはルールやねん。パパそんなことも知らんの？」

ベロに3回しか触らないように豆を飲み込む彼の姿を想像すると、この子も必死でがんばっているのだなぁと、父親はAくんを愛おしく感じたそうです。

でも、Aくんは得意そうだったといいます。

自分の達成したことを、父親に聞いてもらいたかったのでしょう。

「デザートの前に、おかずを残さず食べないとダメ」というルール、それは幼い彼が向き合っている現実です。そして彼は、自分なりの覚悟や決意をもってその現実に立ち向かっていることを、父親はとても頼もしく感じたそうです。

そして**「学校で食べられるんなら、家でも食べられるやろ」などと、彼を追い込むようなことはするまいと父親は思ったそうです。**それは違う気がすると。

そうではなくて、学校ではがんばっているんだから、家ではラクに食事をさせてあげたい。栄養のバランスは学校の給食にしばらくお任せして、家での食事は楽しいくつろぎの時間に。**心の栄養を蓄える時間**にしようと。

このAくんの言葉は、子どもにとっての、学校や給食のもっている意味を考えさせるものだと思いませんか。食事は、ただ栄養をとるだけのものではない。家庭で食事が果たす役割とは何なのかを、示していると思いませんか。

そしてまた、子どもが学校という世界をいかに大切に考えているか、という視点でも興味深いと思います。

「うちの子は野菜が苦手なので、残すことを許してやってください」などと、あえて親が立ち入らないことも大事かもしれません。もちろん、アレルギーなどの場合はまた別ですが。

子どもの好き嫌いに関しても、「解決しないといけないやっかいな問題だ」と考えるのではなく、「おや？ この子は野菜を食べない子なのか。ふむ。おもしろいな」と、そういう向き合い方をしてもいいのです。

ラクに考えている親もいる。それでも、子どもは元気に育っていくんだということを知っていれば、育児が楽しくなると思います。

最後に、子どもの野菜嫌いに関して、医師としてのアドバイスを1つお伝えしておきましょう。

野菜が苦手な子は果物を食べる、という方法もあります。野菜は草にできる（1年で枯れる）、果物は木にできる（毎年できる）、という1つの分け方があります。トマトやナスは、その年に蒔いた種から育って、実がなって、枯れます。みかんやリンゴは、毎年同じ木になります。

この分け方で考えると、イチゴやスイカは野菜となりますね。ビタミンやミネラルなど、栄養的に多少の差はあるかもしれませんが、果物が食べられるのであれば、野菜がとれなくても、そんなに心配することはないのかなと私は思っています（ただし、ここでいう果物は「生の果物」です。たとえ果汁１００％であっても、ジュースは不可です）。

もちろん、野菜を食べなくてもいいと言っているのではありません。美味しい野菜料理が食べられないのはもったいないことですよね。ここで言いたいのは、もし野菜がすごく苦手で食べられないのであれば、果物で、ある程度はカバーできますよということです。

ちなみに、わが家の子どもたちも野菜が苦手で、無理に食べさせませんでした。中学生になるくらいまでほとんど食べなかった子もいましたが、とくに病気もなく元気に育ちました。成人した上の３人の子たちは、いまではみんな、野菜も好んで食べるようになっています。

小さい頃から英語を学ばせるべきか？

私は、認知心理学の研究をするために大学院にすすみました。そこでは脳の働きについて、記憶のしくみや言葉を話す能力、他人の心を知るしくみなどについて研究をしていました。

妻は産婦人科の医師です。2人とも医学や脳についての知識がありましたが、自分たちの子どもをどう育てるかについては、大いに期待と不安がありました。**専門的な知識があってもなくても、育児で不安を感じるのは、どの親でも同じだと思います。**

長男が生まれて、日に日に育っていく姿を見ているうちに、いままで論文や教科書から学んだ知識だったものが、生の現実として体験されるうちに、考え方も変わっていきました。私は、子どもを育てたら、自分の心理学の知識も増えて研究にも役立つと思っていた部分があったのです。そのように話してくれた先輩も、たくさんいました。

しかし、私にとっては、子育ての困難さ、そしてやりがいは、そのようなものではなかったのです。**心理学や医学の知識は、子どもが幸せに育つための手段や方法の1つにすぎない**、と感じるようになりました。

知識や研究よりも、育児そのもののほうがずっと大事で楽しかったのです。「そうしなければ」ではなく「そうしたい。そのほうが楽しい」と強く思いました。その考え方は、自分の場合、正しかったと思っています。

さて、私も、はじめのうちは、「どうやったら子どもを賢い子にできるか」ということを考えていました。具体的には、学校の成績が良くて、語学ができて、スポーツも得意でという、わかりやすい「優等生」のイメージです。他の人から見てもわかりやすい基準で「すばらしい子」に育てるにはどうしたらいいかと、考えていたのです。

たとえば、小さいころから日常的に英語に触れることによってバイリンガルに育てたいと思い、イギリス人の大学生をベビーシッターとしてホームステイさせたりもしました。長男が生後6か月～2歳半ぐらいのことです。

しかし、2歳になる前に、大人が英語で話していると**「ちゃんとしゃべって！」**とはっきりと文句を言うようになりました。彼の言う「ちゃんと」とは、**「英語ではなく日本語で話せ」**という意味でした。

これがもし海外勤務などで外国で暮らしていたら、英語を話さないわけにはいかないし、保育園でも英語に触れるので、事情は違っていたでしょう。望み通り、バイリンガルに育ったかもしれません。

でも、わが家の場合はそうではありませんでした。そして、そういう私の「下心」を見抜くかのように、子どもは、「ちゃんとしゃべって！」という言葉で、日本語で話すように大人たちに要求したのです。

私は、そちらのほうがすばらしいことのように思えたのです。**しっかりコミュニケーションをしたい。自分が良くわかる言葉を、自分で選んでしゃべりたい**。そして親たちにも、そう話すように要求した。

英語の発音がよくなるとか、LとRが聞き分けられるとか、日常の挨拶ができるとか。そういう表面的な話ではなくて、言葉というものがとても大切な根源的なものであることに気づかせてもらえたと思っています。会話をするのは生きていく上で大切な要素だから、下心を取っ払って、しっかり話せと、子どもに教えられました。

かつて共同研究などでお世話になった大津由紀雄先生は、日本の言語研究の第一人者ですが、小学校から英語を教えることにずっと反対されていました。

その理由は、言語の基礎は、根幹は日本語でも英語でも共通の部分が多いから、まずは母語をしっかりと身につけることで、「言語の力」を育てる。それがあれば、その後、他の言語でもしっかりと学んでいけるということを、脳の仕組みや認知心理学の知見から確信しておられたからです。

外国語の教育方法をきちんと身につけていない人、たとえば小学校の先生が、付け焼刃で英語を教えさせられることには、多くの問題があると思います。たとえば、英語を教える時間をとるために、国語を学ぶ時間が減ってしまうこと1つとっても、明らかに問題だと思います。

7

弟や妹ができて、
わがままが増えたとき……

言いがちなことば

「赤ちゃん
泣いてるから、
ちょっと待って！」

↓

信じることば

「あなたが生まれて
お母さんもお父さんも
すごく幸せだった」

妹や弟ができることは、幼い子にとって、すごくうれしいことです。赤ちゃんに会えることをとても楽しみにしているのが、よくわかります。

それと同時に、親の愛情、とくにお母さんの愛情を独り占めできなくなることを、お母さんのお腹が大きくなり始めたころから、すでに不安を感じているようです。親は、どうしても赤ん坊の相手が忙しくなりますので、上の子は「後回し」になる場面が増えてきます。

こういうとき、しばしば経験するのが、赤ちゃん返りです。

はじめに書いておきますと、**赤ちゃん返りは子どもの健全なSOS**です。自分にはいま、お母さんお父さんの愛情が要る。でも、まだ上手に言葉で言えない。

また、もしかしたら、忙しそうな親に迷惑をかけたくないとか、いいお兄ちゃんやお姉ちゃんでありたいという思いから、甘える気持ちを抑えすぎているかもしれません。そのバランスをとるかのように、赤ちゃんになって愛情を受け取りたいと、わざとではなく、自然に行動が出てきているのかもしれないのです。

でも、親のほうも、疲れていたり、忙しかったりします。とくに授乳のころは、慢性の睡眠不足で大変なことも多いですし、上の子の赤ちゃん返りに十分に応えてあげることは難しいでしょう。

それまでは聞き分けのいい子だったのに、こちらがこんなに忙しいときに、そしてそれをわかっているようなのに、無理を言うようになった子どもに対して、親も怒りがわくかもしれません。「こんなわがままを聞いていたら、この子はこの先、困るのではないか」と、不安になるかもしれません。

そういう場合に、「赤ちゃん返りは子どもの健全なSOS」ということを心に置いておくと、少し余裕が持てます。

赤ちゃん返りという形でしか愛情を求められない子、甘えられない子は、親の気持ちがよくわかる聞き分けのいい子です。やさしく接しても大丈夫なのです。

「あなたがいてくれるから幸せだよ」

「○○ちゃんが生まれたとき、ママやパパはすごく幸せだったよ」

そういう言葉をかけてあげるといいでしょう。赤ちゃん返りのような「困った行動」をしてまで子どもがほしがっているのは、そのような愛情を感じられる言葉やスキンシップなのですから。

あるとき、小学3年の男の子の母親が、相談に来ました。

学校の宿題ができないと泣き叫ぶ。「プリントがなくなった」と言っては、母親にいつまでも探すように命じる。

怒り始めるきっかけはいろいろですが、しまいには、母親をたたいたり、ものを投げつけたりするほど激しく怒るといいます。

この男の子には、3歳の妹がいました。このように荒れ始めるまでは、すごくやさしいお兄ちゃんだった、とのことでした。

激しく怒ったり、かんしゃくを起こすのは、赤ちゃん返りの典型的なケースです。症状の出るタイミングがかなり遅めですが、それにも理由がありそうでした。

面接では、甘えは悪いことではないこと、甘えさせてあげることで本人が自身の力で立ち直っていくことを説明しました。

母親がやさしく接するようになると、その日から、甘え方が一気にエスカレートしました。歯磨きも、着替えも「ママ～、おねがい～」と頼んでくる。朝起こしたら「だっこ～」としがみついてきて、そのまま食卓までおんぶして運んだり。着替えも、全部着せてもらいたがる。「自分で着たら」というと泣き出したり、「おまえがやれよ！」と怒鳴る。それまでは好き嫌いがなかったのに、好きなものしか食べなくなったり。

「本当に、こんなことでよくなるのですか？」

翌週の面接で、母親はたずねました。

それに対しては、「よくなります。ただし、**『よくなる』というのは、また前のような聞き分けのよい子になるということではなく、自然な子どもらしい子になる、という意味です」**と説明しました。

この男の子は、妹ができて、妹が大事にされているのを見ているうちに、自分でも妹をかわいがっているうちに、自分が小さいときに甘えそこなっていたことに気がついたのかもしれません。本人は、意識していないでしょうが。

甘えが強まりすぎて、怒りになることもあります。現実の世界では、なんでも思い通りになることはありません。その場合に「どうしてお母さんは、ぼくの思う通りにしてくれないの！」と怒りが出るのです。

この甘えは、親に対する「信頼」や「期待」と同じです。この甘えを受け入れてもらえることは、子どもがこれからこの世で生きていくためにとても大切です。この世の中や人々に対する、安心や信頼の根っこになるものなのです。

「自分はこの世で生きていっていいんだ」「この世界は安全なところなんだ」という確信を得るための、大切なプロセスなのです。**なんでも思い通りにしたい。そしてそれをお母さんがもたらしてくれる、という感覚を確認している**のです。

赤ん坊や幼児は、それを経験して成長していきます。

赤ちゃん返りをした子どもは、**赤ん坊のように大事にされたり、思い通りにならずに泣き叫んだりかんしゃくを起こしても、見捨てられることがないことを**

「体験」することで、「そのままのあなたでいい」という確信を得ていきます。教えられて学ぶものではなく、体験で実感するものなのです。

この母親自身も、下に弟や妹がいて、幼い頃から母親の手伝いをして弟の着替えや食事を手伝っていた記憶があるそうです。母親の両親は、あまり仲がよくなく、父親が母親を怒鳴っていたり、母親が泣いていたりするようなことが多かったといいます。**「自分はお母さんを助けてあげないと」**と、彼女はいつも、そう考えていたそうです。

その話を聞いて、この男の子は、かつて母親が甘えそこなった分をとり返してあげるかのように、甘えているのかもしれないと私は思いました。

このようなケースは、よくあります。ときに暴言と言えるようなひどい言葉を吐いてまで子どもが親に甘える姿は、とても不思議な感じさえします。

そのようなとき、**「この子は、もしかしたら、私が親に対して甘えられなかったことを、やり直してくれているのかもしれない」という気持ちで、泣いたり怒鳴ったりしている子どもに向き合ってみる**ことを、私は親にすすめています。

今、自分は親として子どもに甘えられているけれど、もしかしたら、子どもに戻って、あのころ甘えられなかった気持ちを、親にぶつけているのかもしれないと、考えてみるのです。

そして**あのころ、さみしかったりつらかったりした自分に、親となって向き合うつもりで、思い切りやさしく接してあげる**のです。

そのとき、自分の中にどんな感情が生まれると思いますか。もし、あなたが子どもの赤ちゃん返りに出会ったら、ぜひ、確かめてみてください。

8

こぼさずになんとか食べられたとき……

言いがちなことば

「えらいね！」

↓

信じることば

「おいしかった？」

褒める、ということに、問題がある場合があります。

それは、**「褒める」と「アドバイスする」のは似ている**からだと思います。

褒めるとは「評価する」ことです。「それはいいね」というふうに。**「それはいいね」は「それじゃないのはよくないよ」と言うのとある意味で同じです。**そのままを受け入れるのではなく、こういうものなら受け入れるよと基準を示している感じです。「この字はきれいだね！ いいね！」っていうのは、こういうのではない字はよくないと言っているようです。

繊細だったり、大人の顔色を伺う傾向のある子ほど、褒められることばかりをやろうとしてしまう傾向があります。

そのような場合の問題点は、**本当に自分がしたいことと、親に褒められるからすることの境目が曖昧になる**ことです。

「お約束」も同じ問題があります。

「じゃ、これはお約束だからね！」

「お片づけちゃんとするって、お約束したでしょ！」

これ、決めているのは親なのです。「お約束」は、命令なんです。

褒められなくても、子どもは、自らの行為の中に報酬を受け取っています。わざわざ**褒められなくても、自分が達成したことに満足かどうかは、自分で味わっているの**です。親だって、昔は子どもだったのですから、そう言われればそうだったなぁと、思い出すのではないでしょうか。もし、子どもにとって褒められることが必要だったら、子どものほうから、親の注目を要求すると思います。「ママ、見て、見て！」って、うるさく言う時期がありますよね。その時には「うん、見たよ」とか、そういうふうに言ってあげたらいいと思います。

もう「見て！」と言わなくなったのに、いつまでも導こうとする必要はありません。

うちの三男が3歳のころ。家族で夕食のカレーを食べていました。周りでは兄二人が先に食べ終わっていました。三男はスプーンで食べていたのですが、最後に皿の隅っこに、小さくごはんが残っていたのです。それをそのままスプーンですくえば、確実に皿からこぼれるだろうという状況でした。

「まあ、こぼれるだろうなぁ」と思いながら私は見ていたのですが、子どもはなんと、犬みたいにがぶりと口を近づけて食べて、こぼさなかったのです。それを見て、上の兄が思わず「えらいな。こぼさないで食べたね！」と言ったのです。そしたら三男は**「褒めなくていいの！」**と、怒って言い返しました。

彼は、不本意だったのでしょう。「こんな食べ方、お父さんや兄ちゃんたちはしていないじゃないか！　自分は仕方なくやったのだ！　いいと思っていないのだ！」と、言わんばかりでした。

こういう状況で、親はどう言葉をかけたらいいのか、本当に難しい。

ただ、**「上から目線の言葉になっていないか」を意識しておく**ことは大切です。「親なのだから上からでいいではないか」と思うかもしれませんが、上から目線の話し方にしないことで、より対等に話すことができます。

そのほうが、子どもも思ったことを言いやすいはずです。子どもの「発言したい」という気持ちを起こす方向で関わってあげてほしいのです。

親に対して、いい意味で対等に話せれば、仲間や先生にも話しやすい子になるでしょう。このような姿勢も、子どもが自分の言いたいことを言えるようになる力を育てるための関わり方だと、私は考えています。

9

指しゃぶりしたり
爪を噛んだりしているとき……

言いがちなことば

「もう小学生に
なるんだから
やめなさい！」

↓

信じることば

「小学校、
楽しいといいね」

幼稚園年長のＢくんの母親が、相談に来ました。

４月に小学校入学をひかえ、ここ１か月ほどの間に、指しゃぶりをするようになったそうです。

両親は「注意するとかえってよくない」と思って見守っていましたが、なかなか治らない。母親は、Ｂくんと歩いているときに指を口に持っていきそうだと感じたら手をつなぐなど、Ｂくんに指しゃぶりをさせないようにしていると言いました。

両親ともに、「もうすぐ小学生になるのに、こんなことで大丈夫だろうか」と心配していました。

この相談を受けたのは、２月ごろのことでした。

母親によると、幼稚園でも先生から「もうすぐ小学生になるのだから、きちんとあいさつしましょう」とか「片づけましょう」などと、何かにつけて「しっかり」するよう言われているようでした。

Ｂくんは、家の中でもランドセルを背負ってみたり、鉛筆を削ったりとうれしそうにしていたようですが、いろいろと緊張もしていたのでしょう。

私はこの話を聞いて、**Bくんは、小学生になることへの不安を、「指をしゃぶる」という方法で乗り切ろうとしている**のだろう、と思いました。

そこで、ご両親には、まず表面的な仕草にとらわれるよりも「自分でなんとかしようとがんばっているんだな」と理解して見守ってあげることをすすめました。そして家庭では「もうすぐ小学生になるのだから」などの言葉は控えましょう、とアドバイスしました。

親から注意されなくても、幼稚園の先生や友だちの話から、Bくんは十分すぎるほど、新しい生活への覚悟を決めなければと感じているはずです。だとすれば、親のすべきことは、Bくんのプレッシャーを減らしてあげることです。

頼りなく、のん気に見えるかもしれませんが、子どもたちはみな、新しい生活のことを彼らなりに強く意識しているのです。

その後、Bくんの「問題」は解決しました。

Bくんが指しゃぶりをやめられたからではなく、両親がBくんを受け入れられるようになったことによるようでした。

この面接のしばらくあと、わが家の末っ子が小学1年生になって初めての授業参観に行ったときのことです。

子どもたちは、後ろに並んでいる親たちのほうをうれしそうに振り返ったり手を振ったりしていましたが、先生が話を始めると、みんな静かになって真剣な表情になりました。

そして、私はあることに気がつきました。なんと**学級の半分以上の15人が、親指をくわえたり、手で口を触ったりしていた**のです。

私は、幼い彼らの真摯な姿勢に感動しました。そしておそらく今ごろ、どこかの小学校の授業参観でがんばっているであろうBくんのことを思いました。

かつて、私はあるカウンセラー養成の大学院で教員をしていました。そこで臨床心理学者の駒米勝利先生と出会いました。

この先生はいつも**「症状はその人にとって大切なものです。簡単にとってしまってよいはずがありません」**と言っておられました。

その言葉は、医師である私にとっては、とても意外でした。「症状をとってほしいから患者さんは診察に来られているのでは？」と不思議に思っていましたが、カウンセリングを学ぶうちに、先生の言葉の意味が少しずつわかってきました。

目に見える「子どもの問題」を、すぐに取り去らないといけないやっかいなものと思わないこと。

代わりに、この「問題」はこの子が一所懸命あみだした大切な対処法なのかもしれないと思って向き合うこと。

たとえば、だらけているだけ、さぼっているだけに見えたとしても、そのような方法で「NO」を伝えようとしているのかもしれません。

私は、子どもの「問題行動」をすべて受け入れなさいと言っているわけではないのです。

「この行動は、この子にとって何か意味があるのかもしれない」と、いつも心のどこかで思っておいたほうがいいと言いたいのです。

それは、子どもの大切なＳＯＳかもしれないからです。

第　3　章

6～8歳

学校生活が始まる時期

学校生活が始まり、
先生や友だちとの関係が作られ、
勉強もしなくちゃいけない。
のんびりしているように見えても、
子どもは自分の居場所を
確保しようとがんばっています。
親にゆったりと見守ってもらって、
子どもの自発性が育っていきます。
学校では緊張している子どもが、
家では十分にリラックスできるように。
そんな言葉をかけてあげてください。

10

好きな番組が始まる前から
テレビの前で待っているとき……

言いがちなことば

「テレビを
そんなに真剣に
観なくていいの！」

↓

信じることば

**「たいした
集中力だな！
お茶、置いとくよ」**

あるとき、私の講演のあとで、小学3年の息子さんのお母さんが質問されました。

「今日、家を出てくるときも、怒って出てきました。息子は夜7時から『名探偵コナン』を観るのをいつも楽しみにしているんですが、始まる15分も前からテレビをつけて正座して待ってるんです。何をしてるのかと聞くと、『気持ちの準備をしておくんだ』と言ってきました。あまりにバカバカしいと思ったので、どやしつけてきました。勉強は嫌いだし、宿題も何度も言われてから、いやいややる状態で。姿勢は悪いし、字も汚い。どうしたら、もっと集中できる子になるんでしょうか」

この質問を聞いて、頭に浮かんだのは、正座して目を輝かせてコナンが始まるのを待つ息子さんの姿でした。そのワクワクする気分まで伝わってくる気がしました。たぶん、飲み物も準備して、トイレもすませて。番組を作っている人たちも、子どもにこんなに楽しみにしてもらったら、やりがいがあるでしょう。

この子には、「集中力」が、すでに十分にあると思います。親は、勉強や宿題をやることに集中力を発揮してほしいので、テレビを観る集中力を評価することができません。

でも、**集中力というのは、まず自分の興味があることや、好きなものに対して向き合うことで成長していく**ものだと思います。

まずは好きになり、他のことに気を取られず、だんだんと長い時間しっかり取り組めるようになっていく。やがて、そのために環境を整えたり、自分のコンディションを保つこともできるようになっていくでしょう。

コナンに集中しているこの子は、「テレビを観るときの気持ちを整える」という段階まで進んできているとも言えます。

集中力や持久力は、はじめは何か1つのことで鍛えられると、やがて他のことに流用できるようになります。このような特性を「汎用性がある」といいます。スポーツをすることのメリットで、集中力や粘り強さが鍛えられ、協調性が身につく、などと言われますよね。「あの人はスポーツで鍛えているから、へこたれない」のような言い方は、そういうことを指しています。

スポーツをずっとがんばってきたから、たとえば仕事における困難な局面でも、粘り強く取り組めるようになる。「粘り強さ」や「集中力」や「自信」などは「流用」されていくのです。

テレビ番組は、親から見たらバカバカしい、くだらないものかもしれません。子どもだって、やがてつまらないと感じるようになって、観なくなる日が来るかもしれない。カードゲームやおもちゃなども、同じです。

でも、いまは、**子どもが大好きになって、真剣にそれに向き合っている。そのときに、子どもは楽しむ力を育てている。自分を幸せにする力を育てている。何かを好きになる力が育っている。集中力や持久力が鍛えられている。**

そう思って子どもを見ることができたら、「宿題もしないで、役に立たない番組観て……」とイライラすることはなくなる。

なくならないまでも、少し、マシになるのではないでしょうか。

11

「もう学校には行かない！」と言ったとき……

言いがちなことば

「そんなことを
言わないの！」

↓

信じることば

**「それぐらい
嫌だったんだね」**

行き渋りのある、小学1年の男の子。その母親との面接でのことです。

入学後すぐから行き渋っていたそうですが、ここ2か月ほど、なだめたり叱ったりしながら、なんとか登校させている状況だったようです。そのことで両親、とくに母親は疲れてしまっていて、いつもイライラしていました。子どもと向き合っていても、すぐに泣いたり怒ったりしているそうです。

このような場合に、行き渋りの原因がわからなくても、まずは家でしっかりリラックスして、親も子もいったん落ち着くことを提案します。

指示や命令の言葉をできるだけ使わない。「もう無理に行かせようとしない」と、ハッキリと子どもに伝えることをすすめます。

そうすると、その子は朝、母親が起こさなくても起きてくるようになりました。ただ、「学校にはいかなくていいんだよね？」と、その子が毎朝何度も尋ねるので、そのたびに母親は「行かなくていいよ」と返しました。

数日すると、朝ごはんもしっかり食べるようになりました。以前は何度もうながして食べさせていたのに。

そんな感じで、1週間ほどすごしました。担任の先生と電話で母親が子どもの様子を話しましたが、電話を切った母親のところに、子どもがやってきて、こう言ったそうです。

「先生に言っといて。僕は2年生になっても学校行かないって。もう一生学校に行かないって言っといて。僕は絶対に学校に行かないから、来るかどうかも聞かないでくださいって言っといて！」

久しぶりに聞くような大きな声で、しっかりとそう言ったそうです。母親は、この言葉にショックを受けました。

やっぱり無理にでも行かせていたほうが良かったのではないか。行かなくてもいいと接してきたから元気になったけれど、「もう学校に行かなくてもいい」と子どもは思いこんでしまったのではないか。そう、心配していました。

「一生、行かない！」と言われてしまうと、親としては困りますし、不安になるのも当然です。

ただ、大人の思う「一生」と、子どもの思う「一生」は違います。子どもはよく「おまえとはもう一生口聞かない！」なんて言ったりしますが、次の日には遊んでいたりしますよね。

だからといって、子どもの「一生」という言葉は軽いものだと言いたいのではありません。**「一生学校に行きたくないくらい嫌な気持ちだったし、いまもそんな気持ちだ」ということ**だと思います。

それでも、「今日、行かなくてもいい？」と、うじうじ、くよくよしていたときよりも「学校なんか、一生行くか！」と言えるほうが元気は出てきているのです。子どもは、自分から幸せになろうとする本能を持っていると述べた通り、元気になれば、どうしたらいいのかを考えて、自分から動き始めます。

たとえば、朝起きるのが難しくなってきて、不登校になりかかっているという子どもの相談だとします。

①子どもが「学校に行きたくないから、起きたくない」と言っている場合
②「学校に行きたいのに、起きられない」と言っている場合

どちらが、より問題が長引きそうか。
どちらが、子どものエネルギーがより失われているか。

相談に来る多くの親は、「②のほうがマシだ」だと感じるようです。
子どもは学校には行きたがっているけれど、体の調子が悪くて、目が覚めない。それで登校できないのだ、と考えている。気持ちの問題ではなく、体の問題なのだと。本人のせいではないから、まだマシだ、ということのようです。
①の場合、体は問題がないのに、本人が怠けて、もしくは何かの理由で嫌がって行かないのだから本人のせいだ。だからよくないと、多くの親は思っているようですが、子どもの不登校の相談を長く続けている私の考えは、逆です。
面接のはじめに、子どもがどのくらいしんどいか、どのくらい元気がなくなっているかを、親から聞く子どもの様子で推測します。これを「見立てる」といい

ます。「見通しを立てる」ということです。

子どもが**「行きたくない」と言っている場合には、エネルギーはそれほど失われていないか、もしくは親に対して「しんどい」と正直な気持ちを話せる関係がある**と推測できます。ある意味、子どもが親の力を信頼している状態です。

このような場合は、親に対して子どもへの接し方をアドバイスすると、多くの場合、問題は解決していきます。

ここでいう「解決」とは、単に子どもが再登校することではありません。たとえば、**クラスメートや教員からのいじめにあっているような場合には、再登校はむしろ危険です。**ここでの「解決」とは、たとえば、親が味方になってくれて、子どもが安心して次の居場所や進む方向を探し始めるというような場合も含みます。

これに対して、子どもが「行きたいのに、起きられない」と言っている場合は、簡単ではありません。中には純粋な身体の問題、病気の場合もあるでしょう。

しかし、それはかなりまれです。多くのケースでは、子どもは頭では「行かねばならない」と思っています。でも、体は、心は、それを拒否している。「行きたくない」と主張できる子の場合と比べて、行きたいのに行けない子は、親を気遣っていたり、心配をかけたくないと思っているケースもあります。もしくは、両親の不仲や親の介護などで、心配をかけられないという場合もよくあります。

そのような状況では、**「行きたいのに行けない」ようになるまでに、すでに子どもはかなり長い期間がんばって、力を振り絞って学校に通っており、心身ともに疲れ切ってしまっている**ケースもあります。

そういうときは、子どものエネルギーの回復をまず第一に考え、安心して家ですごせるようにすることで、子どもはまた動き始められるようになる場合が多いことを、相談に来た親には説明します。

でも、そう親に伝えると、

「じゃあ、うちの子どもが起きられないのは、私のせいだと言うのですか！」

そう言ってショックを受ける方がとても多いので、ここではっきりと述べておきます。

すべてが親のせいだというつもりはありません。原因はいくつもあることが普通であり、それを特定することは、多くの場合、かなり困難です。

担任の暴言がひどいことが明らかでも、クラスの大半の子は登校できている場合に、ただ担任の態度を改めさせるような働きかけをしていては、親も、子どもも、ますます疲弊していきます。

親のせいかどうかは関係ないのです。**原因が何であれ、親にできることは、家で安心してすごさせること。**

そうすることで、子どもは愚痴を言ったり、弱音を吐いたり、親に甘えることができるようになります。**正直な気持ちを親に話せることや、安心できる場所でリラックスしてすごすことで、子どもは元気を回復します。**そうすれば、しんどくなった原因がわからなくても、子どもは自分から動き始めるのです。

子どもが学校に行きづらくなった場合に、目の前の問題をなかったことにしようとするかのように、**「なんとかして再登校させよう」とするのではなく、ただやさしく接する。子どもが動き始めるのを「楽しみに待つ」**向き合い方もあると知っておくと、育児を楽しむことや、心のゆとりにつながります。

わが子が「発達障害かもしれない」と思ったら

発達障害について、少し触れておきます。カウンセリングでお会いするケースの多くで、発達障害が関係しています。たとえば不登校の相談でも、発達の問題が背景にあったりするのです。

私は発達心理や療育の専門家でありません。発達障害とは何か、それぞれの特徴、症状の解説、親はどう接するべきか、その理由などについて知りたい方は、『子どものための精神医学』（滝川一廣・著／医学書院・刊）などの解説書をおすすめします。

ただし、自分の子どもの気になることがあっても、本やネットの情報、親や友人の言葉に振り回されないように気をつけてください。

かかりつけの小児科医、保育園・幼稚園の先生、小学校であれば担任やスクールカウンセラーに相談して、正しい情報を得るのが大切です。

子どもに関わる仕事をしている人たちは専門家ですので、この子の問題は専門機関に相談すべきか、この地域であればどこに相談したらよいかなどについて、たくさんの情報を持っています。親として不安に感じている点を正直に相談しましょう。

一方、しばしば見聞きする「よくない対

応」は次のようなものです。

①不安に思っているが、「問題が表面化していないから」「担任の先生から言われていないから」などの理由で、気がついていないふりをする。

親は一番身近にいて、子どもが苦しんでいることに真っ先に気がつく存在です。親が味方になってくれないと子どもは苦しみます。もし本当に障害があるのなら、早く気がついて対応してあげることで、無用の傷つきを防ぐことができます。

②自分の子には障害があるかもしれないと感じているが、子どもの苦手なことや欠点と見えることについて、親の自己流のやり方で（ネットで調べたり、本を読んだりして）克服させようとする。

苦手なことを克服するために「慣れさせる」ことで解決しようとするケースをよく見聞きします。たとえば、ざわざわした音や人混みが苦手な聴覚過敏の子を「鍛える」ために、無理にそのような環境に耐えさせる。野菜の味が苦手で受けつけない子に、無理やり食べさせたりするなどがそうです。

障害がある子にとっての「苦手」は、本人のわがままや身勝手というレベルではなく、「耐えがたい苦痛」かもしれないのです。いちばん信頼している親から無理強いされることは、心の傷（トラウマ）となる可能性もあります。

3種類の主な発達障害と親の向き合い方

カウンセリングで出会う発達の問題のほとんどは、ASD（自閉症スペクトラム障害）、ADHD（注意欠陥多動性障害）、LD（学習障害）の3つです。

そして、これらは、互いに重なることもありえます。

(1) ASD（自閉症スペクトラム障害）

ASDとは、こだわりが強かったり、感覚過敏などのほかに、社会性（他人との関わり）に問題がある発達障害です。以前はASDのなかで、言葉や知的能力に問題のないタイプは、高機能自閉症（他人への関心に乏しいタイプ）や、アスペルガー症候群（他人に関心はあるがコミュニケーションが個性的なタイプ）などに分類されていました。

このような子たちは、知的機能が高いので、自分なりに努力してなんとか集団生活に適応していこうとします。そのために、障害が表面化しにくいという面があります。小学校に入ってから、グループで行動できない、言外の意味が理解できずとんちんかんなことを言ったりするなどの問題が目立ってきて、はじめて障害が疑われることもあります。

ほかの発達障害にも共通することですが、

親が、その障害の表面的な特徴を見えなくしようと一所懸命になってしまい、自己流で対処して、子どもも親もしんどくなっているケースがよくあります。

他の子と比べて落ち込んだり、悲観したりすることのほうが、障害そのものよりもずっと不幸な状況を作り出しているケースが多々あるのです。

できないことをさせようと、幼い子どもの多くの時間をそこに費やしてしまうと、子どもの頃に経験すべき、たとえば遊びを通した楽しい時間を味わうことなどを経験しそこなうリスクがあるでしょう。

たとえば、ひとりでいるのが好きな子を、他の子と同じようにみんなで遊べるようにしようと干渉する親は多いです。もちろん親は、かわいそうだからとか、将来いじめられるのではないかと心配してやっているのです。

しかし、実際には、子どもは親が思っているほど不幸ではなく、かえって他人と一緒のほうが落ち着かなかったり、苦しかったりします。ひとりで落ち着いて過ごすほうが、その子の心の成長にもよいケースも多いのです。

苦手なことの克服については、療育の専門家に支えてもらう。親がする場合にも、自己流ではなく、専門家のアドバイスに沿った形で行い、くれぐれもやりすぎないようにする。親は、子どもを喜ばせる、リラックスさせることに力を注ぐほうが、長い目で見ると、子どもにも親にもよいと私は考えます。

できないことをできるようにすることよりずっと大切なことは、子どもがこの世の中を好きになることです。生きることを、好きになることです。これはどんな子にも共通することですが、発達に障害のある子ではとくに大切です。

(2) ADHD（注意欠陥多動性障害）

成長にはバラつきがあって、活発な男の子などは、早くから親が厳しく接してしまうと、自己肯定感が下がったり、せっかくの長所である活発さ・好奇心の強さ・1つの物事への集中力などが育ちそこなってしまいます。

「他の子がちゃんとできているのに、いつまでも自分の子はできない……」。親の焦る気持ちはよくわかります。しかし、行動力や好奇心が先に育ち、自分をコントロールする能力は遅れて育ってくるのだとしっかり意識して、子どもに向き合うことをすすめます。

衝動的な行動が多かったり、人の話が聞けなかったりすることを「病気」ではないかと思って病院を受診すると、すぐに内服治療をすすめられるケースがあります。

一方で、内服は必要なく、子どもにいろんなことをきちんとさせようとする周囲の環境をゆるめて、見守っていくことが大切だと説く専門家もいます。

数十年前と比べて、とくに都会で暮らす子どもは、周囲と合わせて整然と行動することが強く求められるようになっています。田んぼの中の道を学校に行って、野原や空き地で遊んでという時代から、マンションで暮らし塾や習い事に通う時代へと、子どもの生活環境は変わっています。

そのために、昔ならクラスに何人もいた「ちょっと落ち着きのない子」が、ＡＤＨＤと診断されてしまうようになったと主張する専門家も多いのです。

私が出会ってきた大半のケースや、自分の子たちも含めて、自分をコントロールする能力は、だんだんと追いついて成長してきます。それまでは、親は、子どもの自尊心を守ってあげることが大切です。できないことをできるようにしようと必死で子どもをしつけるより、「そのうちできるようになる」と気長に見守るほうが、子どもの力は伸びていくと思います。

(3) ＬＤ（学習障害）

障害の顕著な子はわかりやすいのですが、軽度で、かつ賢い子などは、なんとかがんばって自分の障害に対応していってしまうので、発見が遅れがちです。

たとえば、文字が読めないのに、他の子の声を聞いて暗記して乗り越えたり、他の子よりも何十倍も努力してなんとかついていこうとすることもあります。

そんなときに、子どもはさぼったり、なまけているわけではないのに、教師や親が低い評価をしたり、叱ったりすることで、子どもは二重に傷ついてしまいます。

私も、不登校の相談にこられたのに、よく聞いていくと、文字がちゃんと見えていない、具体的には「視力が悪くはないが一部の文字を見分けるのが難しい」タイプのLDだったというケースを数例経験しています。

そのようなケースでは、子ども本人にしてみれば、他の子にはどう見えているかがわからないのです。「どうして自分はみんなと同じようにしているのに、本を読むのがこんなに難しいのだろう」とか「なんで自分はこんなに字が汚いんだろう」と、子どもなりに悩んでいました。

いずれも、それまで「もっとまじめにきれいに字を書きなさい」とか「何回も読んだら、もっと上手に読めるよ」などと叱っていた親が、「あなたのせいではなかったのね。まちがって怒ったりしてごめんね」と謝ると、ほとんどのケースで子どもは元気になり、療育（それぞれの子どもの特性に合わせて読み書きや計算などの指導を受けること）に通うようになりました。「親が自分を理解してくれたということがいちばん嬉しかった」と、あるLDの子は言いました。

つい最近まで「なまけている」「頭が悪い」などと先生からも誤解されて、自分自身でも自分をダメな人間だと思い込まされてきたLDの子どもたちは、たくさんいました。2000年頃までは、LDを知っている先生のほうが少数派だったでしょう。

しかし現在では、LDの原因や療育の研

究が進んできており、LDについての理解も広がってきました。たとえば、『怠けてなんかない！ ゼロシーズン―読む・書く・記憶するのが苦手になるのを少しでも防ぐため』（品川裕香・著／岩崎書店・刊）は、その他の「怠けてなんかない！」シリーズとともにおすすめです。

最近では行政の支援体制も少しずつ整ってきましたし、対応してくれる医療機関も増えてきています。療育の方法も研究が進んでいます。たとえば、タブレットでの音声入力や読み上げ機能など、学習を支援してくれるIT機器も身近になりました。

それでも、子どもにとっていちばん頼りになる存在は親です。親が味方になってくれているという思いは、彼らが困難に立ち向かう最も大事な支えになります。

障害のある・なしにかかわらず、親としては、子どもが生きていくことを好きになるように、家でラクにすごせるように支援することを第一に考えていくことが、長い目で見た場合に、もっとも子どもを幸福にすると私は思います。

12

いっしょにスポーツやろうと誘ってくれたとき……

言いがちなことば

「やるからには、
きちんとできるように
なろう」

↓

信じることば

「これ、なかなか楽しいなぁ」

友人の話です。７歳の息子さんから、キャッチボールしようとせがまれて、グローブを買いに行き、近所の公園ではじめてキャッチボールをしたそうです。

その友人は、学生時代に野球をやっていたこともあり、息子とキャッチボールができる日をすごく楽しみにしていました。

待ちに待ったその日、公園でキャッチボールを始めると、その友人は、息子のボールの持ち方や投げ方、捕り方などが気になってしまったのです。

そして、つい、一つひとつ熱心に教えてしまった、と。

はじめは「僕のボールはすごいんだよ！」とやる気満々だった息子くんは、10分もしないうちにしょんぼりしてしまい「もうお家に帰る」と言い出したそうです。友人はそこでようやく「しまった、やりすぎた！」と思ったそうですが、もう遅かったようです。

次の日曜日、息子さんに「キャッチボールやろうか」と誘ってみたのですが、「絶対いや！」と断られてしまったと、嘆いていました。

これと同じような「失敗」に、よく出会います。

子どもが何かをやり始めたとき、すぐに「少しでも上手にできるように」とか「最初が大事なので、基本をしっかり」などと、悪い意味で「教育的」であろうとするケースがあります。しかし、そこで余裕をもって向き合えれば、子どもも親も、ずっと楽しくすごせます。

何よりもまずは、好きになること。そこに目標を置くのです。

子どもがいま、目の前の新しい体験にどう向き合っているか。どう感じているか。それを、親も一緒に感じてみるのです。

たとえば、アドバイスしたらうまくいきそうなことを見つけたとしても、子どもが自分でそれを見つける喜びを奪わない。つまり、「下手なままでいさせてあげる」という選択肢があります。

子どもが自分で試みて失敗し、そして自分で立ち直っていく体験を、奪わないようにするのです。自分で上手になっていくことの邪魔をしないのです。

もちろん、子どものほうから「教えて」と頼んできたら教えてあげたらいいと思いますが、しつこくならないように、ちょっと意識してみてください。
自分があえて教えなくても、子どもは自分の失敗を通して自ら修正しながら、周りの大人や仲間に教えられたりして、できることがだんだんと増えていくことを見守る体験を、親はしていくべきなのです。

子どものもつ成長する力、自分でできるようになる力を見せてもらうことで、親もまた、子どもを信じる意味を学んでいくことになります。

13

子どもに自信をつけさせたいとき……

言いがちなことば

「そんなすごい
ことができて、
すばらしい」

↓

信じることば

**「いまのままで、
すばらしい」**

小学1年生の母親からの相談でした。

そのなかで、母親は次のような質問をされました。


「うちの長男は、まったく運動ができないので、体育の家庭教師をつけたいのです。ボーイスカウトのキャンプにも参加させたいと思っています。何か自信をつけさせてあげたいのです。でも、嫌がるに決まっています。子どものためになると親が思うことでも、子どもが嫌がるのなら、させないほうがいいのでしょうか？」


子どもは、それぞれがしっかりと自信を持っています。

そこに、大人から見て確かな根拠（証拠、事実）の有無は、関係ないのです。

この親子の例であれば、ボーイスカウトのキャンプに参加した（参加させられた）としても、それが「根拠」になって自信を持ったりはしない。それが多くのケースに関わってきた、そして子どもの遊びサークルで長年子どもと関わってきた私の実感です。

サッカーを例にとれば、チームで一番上手な子も、選抜チームに上がっていくと一番ではないかもしれない。さらに県の代表チームになると、もっと上手な子と自分を比べて、自信はなくなっていくのが普通です。

大人から見たら「そこまでいければいいじゃないか」と思うかもしれませんが、極端な話、日本代表に選ばれても、外国のチームと対戦してはるかに上のレベルの選手を目の当たりにして、自信をなくすこともありえます。これは勉強でも、音楽でも、同じことです。

根拠のある自信と、根拠のない自信、どちらがより強力なのでしょうか。それはもう明らかに、根拠のない自信のほうです。

根拠のある自信は、根拠となる事実がなくなれば消えてしまいます。何かが達成できなかったり、失敗したりすると消えてしまう自信なのです。

一方、根拠のない自信は、予感や信念のようなものです。理由はないけれど、なんかうまくいくような気がする。いいことがあるような気がする。そんな感覚です。

あなたの近くにも、こういう人はいないでしょうか。人もうらやむ学歴、地位、財産、健康など、すべてを手に入れているように見えるのに、あまり幸せそうではない人。

その逆に、いろいろな困難を抱えていて、ちょっと大変そうだなぁと思う状況にあるのに、カラ元気というわけではなく、どこかのん気で、幸せそうで、他人にも親切で、やさしくできる人。

生まれ持った性質も、もちろんあるでしょう。それでも、子どもは誰もが、大人と比べるとはるかに楽観的です。

その楽観性を失わないように関わることで、「理由はないけど、いいことがあるような気がする」心の根っこの部分を、育てることができると思います。

そのような心の根っこを育てるためには、大人から見た成功体験を与えるなどの方法ではなく、そのままの子どもを受け入れるという、ある意味で簡単だけれど、実は勇気と根気のいる向き合い方が決め手になると私は感じます。

根拠のない楽観性。根拠のない自信。これらは、子どもが大人になったとき、うつや自殺からも守ってくれる、とても大切なものです。

14

親からみて間違ったことを主張してきたとき……

言いがちなことば

「いやそれは
間違っている。
その理由は……」

↓

信じることば

**「自分の意見を
言えるのは
いいことだ」**

小学1年生の男の子の母親からの相談でした。

「息子はやさしい子だが、嫌なことが嫌と言えない。同じクラスの友人から、他の子の悪口を言うように命令されて、従ってしまった。そのために先生から叱られた。子どもに聞いたら『本当は言いたくなかったけれど、嫌だと言えなかった』とのこと。どうしたら、嫌なことを嫌だと言えるようになるでしょうか」

言いたいことが言える子に共通する特徴は、親に向かってズケズケものを言うことです。言いたいことをなかなか言えない子は、その逆。親の言うことは素直に聞けるけれど、親に対してはものが言えない。とくに「親が喜ばないようなこと」を言うのが苦手です。

だとすれば、自己主張できる子を育てるために親が心がけることはシンプルです。**子どもが自分の思いを話したときに、まずは「話した」「意見が言えた」ということを、しっかり認める**ことです。

よく勘違いされる方がいますが、子どもが話したことを認めるというのは、**子どもの言ったことをそのまま受け入れるとか、賛同するのとは違います。**親は自分の意見が違うのであれば、それは主張したらいいと思います。

内容ではなく、子どもが意見を表明したことを認めるのです。「褒める」といってもいいと思いますが、もっと正確な言葉としては、**「関心を示す」**ということです。**「ふーん、おもしろいことを言うなぁ」とか「へえ、君はそういうふうに考えているのか」**とか、伝え方はいろいろあると思います。

心に浮かんだことを言葉にしてくれたこと、そのことを親として喜ぶのです。

これは、思春期と言われる第二反抗期に、親にとって、とても役に立つ心構えになります。中学生になると、子どもも親と同じように賢くなってきます。

それでも、親のほうがものを知っているのは当然です。親と違う意見を言ったり、反対の考えで立ち向かう（いわば「たてつく」）のは、子どもにとってはとても勇気のいることです。

ほとんどの場合、親から見れば、親の考えが正しくて、子どもの考えは浅かったり無謀だったり、根拠に乏しかったりするでしょう。でも、そういうときは「チャンス」だと、心に留めておかれるといいでしょう。

私も何度も経験がありますが、子どもがムキになって、親から見ればおかしなことを言ってくると、「この子のためにもこれは正してやらないと」と不安になって、こっちもムキになって言い返してしまいがちです。

しかし、子どもにすれば、幼いころから大いなる存在であった親に立ち向かうのは、かなり悲愴な覚悟を伴うものです。だからこそ親は、心にゆとりを持って、主張の内容ではなく、意見を表明した勇気を認めること。そうすることで、子どもには自己主張の力が育ちます。

大切なのは、「正しいことを言う力」ではなく、「正しかろうと間違っていようと自分の思いを表明する力」です。

間違った考え方も口に出して相手に伝えられたら、相手が正してくれる可能性も高まります。でも、外に出されなければ、そもそも正しいか間違っているかすらわからないままです。

親は格好の練習台です。**親としては、子どものためには「負けるが勝ち」**です。子の意見に賛成できないのであれば、控えめに主張すればいいでしょう。

しかし、議論の正しい結末を求めて「論破」するのではなく、何よりも、**乏しい根拠でもがんばって意見をぶつけている勇敢さを喜ばしいこととして認めること、歓迎すること。それは、親から子への大いなる贈り物になると思います。**

もしも、生意気になってきた子どもと議論になりかけたら、このことをぜひ、思い出してください。ピンチがチャンスになります。

「親の言うことをよく聞く子」にも問題はある

子どもがなかなか言うことを聞かないとか、素直さがない、反抗的だという相談をよく受けます。

親の言うことを素直に聞くことのメリットは、明らかです。

たとえば、知識の伝達が簡単で確かになること。親のほうが人生経験があり、世の中のことを知っている。それを子どもに伝えるのは当然であり、しっかり聞いて理解し、身につけられる子は、そうでない子よりも育てやすいでしょう。

先生の言うこともしっかり聞けるでしょうし、問題を解いたりテストで良い点をとったり、スポーツでも早く上手になるはずです。

では、親の言うことを聞かない、素直さがない、反抗的な子どもの姿勢はデメリットばかりなのかというと、そうではありません。

自分の考えにこだわり、こだわるがゆえに親のアドバイスが聞けないのは、自己主張の力があるということです。「やりたくないことはやらない」という姿勢は、親には怠惰に見えるかもしれませんが、「自己主張なのか」と思ってみれば、見え方が変わってきます。

子どもの欲求は、親から見れば、わがままだったり、未熟だったり、自己中心的だったりするかもしれません。しかしこれらは、幼い子にとても大切なものであり、**心の根っこにあって、何かを達成しようとするときの源になるものです。**

いい子にしつけてきた場合、もしくは子どもが親を気遣って「いい子」に育った場合、このような欲求の力が過剰に抑えられてしまうことがあります。

そういう子は、家の中で親が見守っている環境の中ではなんとかなっても、学校や仲間との関係で自分を守ることが苦手だったりします。

たとえば、小学校低学年で先生のコントロールが効いている間は、クラスのリーダー的な存在になることも多いようです。先生の言うこともよく聞けるし、自分を抑える力が育っていますから。しかし、先生のコントロールが効かなくなってくる小学校高学年になると、自立が始まってきた仲間から取り残されてしまうリスクがあります。

このあたり、私は、近所の子どもたちの遊びサークル（おもに体育館でフットサルをしています）を15年ほど運営して小学生と関わって、毎年のように経験しました。

低学年の間は、仲間の中でリーダー的な存在でキャプテンを任されたりする子が、5年生くらいになると、そのまじめさをからかわれたり、仲間はずれになったりしてしまう。そのような子は、子どもらしいずるさ、たくましさ、大人への反抗心のようなものを、育てそこなっているように感じます。

話を元に戻しますが、子どもがなかなか言うことを聞かないとか、素直さがない、反抗的だと感じたときに思い出して欲しいのは、このような**「生意気さ」も、大きくなっていく過程の中での友達との関係において大切なのだと意識して、子どもに向き合う**ということです。

私は、「子どものわがままを全部受け入れよ」とか「生意気な口の聞き方をしても注意してはいけない」と言っているのではありません。

そうではなく、そのような言動がすべて良くないものとして強く抑えつけることにもまた、デメリットがあるということ。

それを心に留めておくことは、友達との関係で困難な局面に遭ったときに発揮される強さが、お子さんに育っていくことに役に立ちますよ、ということです。

15

おもちゃを自分のやり方で遊ぼうとしているとき……

言いがちなことば

「君がやったら
壊しちゃうからね」

↓

信じることば

**「壊れちゃったかぁ。
残念だね」**

父ちゃんなんて連れてくるんじゃなかった！

「初天神」という落語の「落ち」の場面で、こんな台詞があります。自分が凧揚げに夢中になってしまって、ちっとも交代してくれない父親に向かって、子どもがつぶやく台詞です。以前、この落語と同じような場面がありました。

ある年の冬のことです。小学1年生だった末っ子と一緒に近所の公園に凧揚げに行きました。その前日、夕飯の材料を買いに近所のスーパーに行ったとき、レジの上に吊られて売っていた凧を子どもが見つけて、買う羽目になりました。息子は、知ってはいたものの、本物を見たのは初めてでした。「これ欲しい！」と言ってだいぶ粘られて、しょうがなく買ったのです。ビニール製の、三角形の、よくある凧です。大喜びで持って帰って枕元に置いて寝ていました。

翌朝、いつも寝坊する子どもが早くから起きてきて「凧揚げ行こう！」とうるさいのです。まだ外は暗いし、氷点下の寒さです。でも言い出したら聞かない。もう袋から出して組み立てようとしています。待ちきれず自分でどんどんやろうとする。凧のホネもまだつけていないのに、もう糸まきを持って家の中でも駆け出しそうでした。

普段、ゲームばかりしている子が外に行きたがっているんだから、と私も覚悟して、一緒に公園に行きました。組み立てるのも待ちかねて、私の説明など聞こうともせず、凧を持って走って行ってしまいました。まあ喜ぶならそれでもいいかと、彼に任せてしばらく遊んでいるのを見ていました。

そこに、別の親子が公園にやって来ました。おそらく、その男の子が、私の子の凧を見て、「僕も凧ほしい！」みたいに言ったのでしょう。やがて、そのお父さんは子どもをうしろに乗せて自転車で出かけて行き、うちと同じ凧を買って戻って来ました。スーパーは朝から開いていたのです。

その男の子は、うちの子と同じように喜んで「わーい！　持たせて！　持たせて！」という感じで、凧を組み立てている父親のそばではしゃいでいました。

しかし、そのお父さんは、私と違ってなかなか几帳面な人のようで、ちゃんと綺麗に凧を作っているようです。説明書もちゃんと読んで、バランスのおもりなども正確につけていました。男の子はその横で「早くやらせてよ！」と言ってるのですが、お父さんは、おっとりと、慎重です。

ようやく完成。いよいよ子どもに持たせてあげるのかなと思いきや、今度はお父さんが凧を地面に慎重に置きました。そして、ずーっと糸をのばしながら凧から離れて歩いて行き、だいぶ離れたところでこちらを向いて、風のタイミングを見ながらバッと揚げました。凧はひゅーんと一気に高く揚がりました。

もう、その男の子はがまんできないという感じで「僕に！　僕に！」と言いながらお父さんの横でピョンピョン跳ねていました。でもお父さんは慎重なんです。「まあ待って」と男の子を手で制しつつ、さらに糸をのばしています。


この日は、風が吹いたり止んだりで、風向きもくるくる変わっていました。その親子の、というかそのお父さんの凧は、いったんは高く揚がるんですが、やがてすぐ落ちてきそうになります。お父さんもがんばって糸を巻いたり少し走ってみたり。でも落ちてきてしまう。何度か地面に凧を置いてずーっと糸をのばして高く揚げる、を繰り返していました。それでも結局安定せずに落ちてくる。

子どもは「僕にも持たせてよ！　ぎゃーっ！」みたいに叫んでいました。

その公園は、広いスペースの周りを桜の木が取り囲んでいるのですが、糸を長く伸ばしているので、凧が落ちてくるときに何度か桜の木の枝にひっかかりそうになっていました。とうとうお父さんは男の子に「今日の風はちょっと凧揚げに向いてないから、やめとこう」と言ってるようでした。

そのころにはもう、男の子もあきらめている感じでした。

その親子のやりとりに惹きつけられてしまって、私はそっちばかりずっと見ていたのですが、ふと「うちの子はどうなってるんだろう？」と気になりました。見回してみると、大分遠くのほうで、数人が集まっています。うちの子の凧が桜の木の枝に引っかかっているのを、犬の散歩に来た人や通りがかった人が取ろうとしてくれているところでした。

凧はうまく取ってもらえたようで、子どもはそれを持って私のところに走ってきました。何か所も破れて使い込んだ感じになった凧を私にぽいっと渡すと、子どもは「凧持って先に帰っといて。もう少し遊んで帰るから！」。そう言うと、駆け出して行ってしまいました。

さて、男の子のお父さんがしたかったことは、想像できます。上手に揚がった凧を、子どもに持たせてあげたかったんだと思います。高く揚がった凧の糸を持って「これが凧揚げだ！」みたいな感じで。

けれども、子どもにとっての凧揚げの体験というのは、そうではないと思うのです。まず、凧を買ってもらうこと。見つけて「買って、買って」と粘って買ってもらって、そして家に大事にもって帰って、枕元において寝て、「明日凧揚げするぞ！」とわくわくして眠る。朝にはさっと起き出して、わいわい言いながら公園へ持って行く。びりびり破って取り出して組み立てる。自分でやってうまくできずに、破ってしまったり、シールを貼り直したり。持って走り回って、すぐに落ちたり枝にひっかかったり。それを取ろうと木に登ったり棒でつついてみたり。糸がからまって、ずーっとほどいたり。

そんな体験の全部が「凧揚げ」なんだと思います。

親から見たら違うかもしれませんが、子どもにとってはいろいろな試行錯誤も含めた全部が「凧揚げ」という遊びの体験だと思います。「ちゃんと揚がったかどうか」だけが大事であるように捉えてしまうと、もったいないですよ。

第 4 章

9～12歳

思春期が始まる時期

「自分の価値観は親とは違う」
ということに気がつき始め、
親よりも仲間の考え方や行動に
ひきつけられるようになります。
先生や仲間と対等に
意見をぶつけあえるように、
親が「練習台」になってあげましょう。
それは、親と子の関係が、
「守るものと守られるもの」という関係から、
より対等な関係へと変化し始める時期でもあります。

16

いつまでも宿題をやらないとき……

言いがちなことば

「宿題終わったの？」

↓

信じることば

「いつ声をかけたら
いいのかなぁ」

小言を言わない接し方は、子どもの自発性を育てます。それを心がけるようになった、小学5年の男の子をもつ母親の話です。

これまでは、子どもが動き始める前に、親が声をかけて促していたが、子どもは嫌そうな顔をして、黙ってその場を離れていくことが多かったそうです。

母親は、「言われないと動けないから言ってあげているのに、感謝もせず不快そうな表情をする」と、子どもに対していつも腹を立てていました。

しかし、ずっとそうしてきて、状況は少しもよくなっていないので、しばらく声をかけるのを一切やめてみて、どのようなことが起こるのか試してみようと決心されました。これまで紹介したケースと同じです。

行動を指示しないで、まず、子どもがリラックスすることを目指したのです。

そのようにして、数日経ったころ。

夜9時近くになっても、子どもは居間のテレビの前にいて、宿題を始めようとしません。母親は、つい以前のように「そろそろやったら？」と、言ってしまいました。以前であれば、子どもは親の言葉をスルーしていたような状況です。しかし、その夜、子どもは言い返してきました。

「いま、お風呂からあがってリラックスしてるときやんか。なんでこんなときに言うかなぁ！」

思わぬ反応に母親は驚いて、「あ、そう、ごめん……」と、つい引き下がってしまったといいます。

それからも、いつ声をかけても「テレビがいい場面なのに！」とか「自分でやる決心がついた瞬間だったのに！」など、たしなめられるようになりました。

いまでは、「お母さん、いつ声をかけたらいいのかなぁ……」などと、弱気に言うぐらいしかできなくなったそうです。

このようなやりとりは、小言を控えた家庭で、よく起きる変化です。それまではコミュニケーションがなかった親子の間に、コミュニケーションが生まれてきます。子どもは、相手の意図に反していても、自分の言いたいことを言い返す練習ができています。ちなみに、これは、近年、ますます重要さを増している「アサーション（自己主張）・トレーニング」そのものです。

ここで母親が怒ったり脅したりせずに、自分がそのように言う理由を、**負の感情をできるだけこめないで、冷静に子どもに伝える努力**をすると、いいことがあります。

それは、**「交渉の場面でどう振る舞うべきなのか」というモデルを見せられる、**ということです。そのような親の振る舞いを知っておくことで、子どもはクラスでのいじめから逃れられるかもしれません。

また、この先、学校や職場、家庭などで相手と自分の意見が合わないとき、どう交渉すべきかを学んでいると言えます。

ある意味で、親の小言に黙って従い、宿題をいやいややり始めるよりも、得るものはずっと大きいでしょう。おまけに、これまでのような嫌な雰囲気にもなりません。

このようなコミュニケーション・スキルの習得の場としての家庭の役割は、日

本では伝統的に軽視されてきたようです。しかし、これから子どもが生きていくことになる社会では、交渉力、自分を守る対話力などが非常に大切になることは、間違いないでしょう。

この母親は、「子どもと一緒にいても、いままでのように『何を注意しようか』『いつ注意しようか』などとイライラしなくなったので、とてもラクになりました。そして、いままでのような接し方では気づかなかった子どもの成長に気がつけるようになりました」と話してくれました。

小言を言わないようにしてから、2週間ほどたった日のこと。子どもは、夜遅くまでテレビを観ていました。母親も、そのころには、そういう姿を穏やかに見ておくことができるようになりました。

夜9時をすぎて、子どもはようやく宿題をやりはじめましたが「やばっ！　計算ドリルを学校に忘れてきた！」とつぶやいていました。母親はそれを聞いて「もっと早く気がつけば、借りに行く手配もできたのに！」と歯がゆく思いながらも、何も言わず見守っていました。

すると、子どもは自分で友だちに電話して「明日の朝、オマエんちに朝早く行くから、30分だけドリル貸してくれ」などと交渉していました。そして電話のあとで、母親のところにやってきて「●●（電話で頼んだ友人の名前）の母さんにメールしといて。朝6時にあいつの家に行くから、あやしまれるやろうから」と、自分から頼んできました。

「おっ！　なかなか配慮するなぁ」と、母親は感心したそうです。たしかに、夜に借りに行くことはできませんでしたが、子どもは自分でなんとかしようと動けているし、向こうの家の親への配慮も、彼なりにできています。そういうことができる子だとは、思ってもいなかったそうです。

このような出来事がちょくちょくあるのだ、と母親は話しました。

「子どもを小言で追い回していたときには、彼自身の能力をよくわかっていなかったし、自分とは違う方法で失敗を取り返そうとすることにも気がつきませんでした。**あの子、意外とたくましいところあるんやな**と、最近は見直しているんです」と、母親はうれしそうに言いました。

17

夜遅くまでテレビを観ているとき……

言いがちなことば

「いつまで
テレビ観てるの！」

↓

信じることば

**「先に寝るよー。
おやすみ！」**

「歯磨きしなさい！」とか「宿題はもうやったの？」のように、**動作を指示したり、確認したりする声かけは「操作的な会話」**と言われます。

一方で「今日は楽しかったわ」とか「新しい自転車、乗りやすそうだね」のように、**思いや考えを伝え合う声かけは「交流的な会話」**といわれます。

子どもの不登校の相談に来る親へのアドバイスは、ほぼ決まっています。

それは「交流的な会話をしましょう。そして、～しなさい。～するな。～はしたの？　など、操作的な会話をできるだけやめてみましょう」ということです。

このようなアドバイスをする理由は、不登校などの相談に長年関わってきて、次のことに気がついたからです。

不登校、非行、摂食障害……。表面に現れた子どもの問題はいろいろであっても、ほとんどの親に共通する特徴があります。

それは、**家庭での子どもとのコミュニケーションが、「操作的な会話」がほとんどであり、「交流的な会話」がほとんどない**ということです。

そういう子どもは、家庭において、親からの指示や命令、確認の言葉をずっと受け続けている状態です。それでは家でも落ちつけないでしょうし、親も、子どもとの生活を楽しめないでしょう。

交流的な会話をこころがけ、操作的な会話を控える目的は、子どもが家でリラックスできるようにするためです。**学校では勉強やスポーツをがんばる。でも、家ではリラックスする。それを徹底するのです。**それだけで子どもの様子はかなり変わります。

大人と比べて子どもは、元気になる力、「元に戻る力」が強いのです。しつけもときには大事ということは、もちろん否定しません。しかし、不登校になるほど弱っている子どもの多くは、すっかり元気を奪われているのです。

なので、しつけの前に、まず何よりも元気になることが大事です。そのために、家ではとにかくリラックスする、そして元気を回復するということを第一の目標にするのです。

そのように説明すると、たいていの親は「そんな接し方でいいのでしょうか？」と心配されます。そこで私は、そういう接し方をした場合に、子どもに起きてくる変化の具体例を、いくつかあらかじめ伝えておきます。

それはちょうど、病気の診察でお薬を出すときに「この薬を飲んだら、こんな感じのことが起きますよ」と言っておくのと同じようなことです。

親がやさしく接するようになれば、つまり指示や命令を控えるようになれば、起きてくる変化は、どの子でもすごく似ているのです。

たとえば、テレビなどを観て、**笑い声をたてるようになります。**安心して観るようになるからです。**「あの子、あんなにテレビで笑っていたかなあ」などと、親が気づくようになります。**

それまではおそらく、子どもは、テレビを観ていたら「いつまでテレビ観ているの？」とか「もう、そこらへんにしときなさい。そろそろ宿題したほうがいいよ！」とか言われてしまっていたはずです。

子どもは、テレビを観てはいるけれど、観ていないようなふりをしていたのでしょう。じーっと気配を殺して横目でテレビを観ている。おもしろくなさそうな感じにしておかないとダメなんですね。のん気に笑っていたら怒られてしまう。注意されるし、テレビを消されてしまうから。

親が注意することを控えると、それが変わってきます。安心してゲラゲラ笑うようになってきます。

「先生は、『子どもが』笑うようになるって言ってましたが、**私自身も、よく笑うようになったみたいです。**この前、夫から言われました。『君って、そんなに笑う人だったっけ？　このごろCM観てもときどき笑ってるよ』って」と報告してくれた母親がいました。

「注意しない」と決めてしまうと、親もぐっとラクになります。いままでは「どうやって注意しようかな。あと何分我慢しようかな」と、ここで言うか、言うまいかみたいな感じで、いつも迷っていた。ずっと緊張していたんです。

でも、もう注意しなくていい、注意できないのだから、子どもが深夜0時まで観ようが1時まで観ようが「もういくらでもいいや！」と覚悟しているわけなので、親は一切迷わなくていい。そのメリットはすごく大きいわけです。

子どもとすごしている時間は本当に短いです。それなのに、ずっと小言を言ってすごしているとしたら、もったいないと思います。

小言を控えることを徹底するために、こんな手もあります。

子どもに、逆に注意してもらう、という方法です。


「何々しなさいとか、何々したらダメとか言ったら子どもの元気がなくなるって、カウンセリングでそう言われたから、お母さんはこれから、そういうことを言わないようにがんばるね！」と子どもの前で宣言するのです。

「もし小言を言ったら、注意してね」と、親から子どもに頼んでおくわけです。

先に紹介したように、親が小言をやめると子どもはよく笑うようになりますが、一方で、よく怒ったり、泣いたりもするようになります。

これは、**素直になっていくから**なのでしょう。緊張していた子どもが、リラックスできるようになると、素直になる。中学生や高校生の男の子でも、ちょっと親と口論になったら、泣いたりすることもあります。親は、この子どもの変化に驚くようです。

面接では、そんなことも最初に親に伝えておきます。これからそんなことがおきますよと。そうしないと驚かれることも多いですから。

子どもは、基本的に親のことが好きです。

思ったことを話したいし、聞いてもらいたいのです。

子どもが思ったことを話してくれて、それに対して親が小言ではなく自分の考えを伝えるようになると、親子の関係は大きく変わります。

たいていの親は「自分の子どもは、いままで考えていたよりも、案外しっかりしているのだ」と気がつくようです。

面倒を見なければいけない、導かないといけない「弱い存在」から、「気のおけない頼もしい年下の仲間」へと、子どものイメージが変わっていきます。

このことは、本書で紹介している「信じることば」をかけることでもたらされる、大切な果実の1つだと私は感じています。

子どもの「遊び」につき合う意味

子どもの言葉は実におもしろいです。

末っ子が小学3年ころのこと。夏の日でした。家族（夫婦と兄たちと末っ子）で車で移動中で、買い物の帰りだったか、そんなに急いではなかったはずです。いつもは通らない道を通っていて、ある公園の横を通ったとき、末っ子が言ったのです。

「あの公園でちょっと遊んでいこうか！」

住宅地にある、どこにでもあるような公園でしたが、ちょっと変わった大きめの遊具があって、どこか楽しそうだったんでしょう。自分の用事ではないのに車での外出につき合わされて、末っ子は退屈していたのだと思います。

妻も私も急いではなかったのですが、本当に普通の公園だし、夏で日差しはきついし、暑そうだし、家に帰ってやりたいこともありました。それでも、車を止めて公園で遊びました。

兄たちはもう高校生で、公園で遊ぶような年ではなかったのですが、遊具を使って鬼ごっこをしたり、ブランコに乗ったりと、末っ子につき合ってくれました。

ものの20分ぐらいだったと思います。おしまいに近くのコンビニで飲み物を買ってきて、木陰でみんなで飲みました。

子どもの言葉は不思議です。

「ちょっと遊んでいこうか！」って言うけど、遊ぶのは自分なのです。

「ここで、ちょっと遊んでいってもいい？」とか言いそうなもんですが、そうではない。「みんなで遊ぼうか！」なんですね。自分が遊びたいのと同じように、「父さんや母さんも、兄さんたちも、遊びたいよね！」と彼は思っているんだなと思いました。

彼は、大人の中の、子どもの心に呼びかけてくれたのだと思います。

わざわざこんな些細なエピソードを書いたのは、こういう**なにげない出来事や、子どもからの呼びかけの言葉そのものが、振り返れば宝物になっている**ということを、忙しいお父さんお母さんたちに気がついてほしいからです。見すごすのはもったいないと思うからです。

いつもいつも、子どものリクエストにこたえよというのではないのです。そんなことは無理です。でも、たまに、彼らの提案に乗ってみると、親自身の幸福にもつながると思います。

イベントや旅行は、子どもを喜ばすことができますが、準備も大変ですよね。

それに対して、子どもが提案するちょっ

とした「遊び」に、思いきってつき合うこと、たとえば電車に乗ってみたり、ラーメン屋さんに並んでみたりといったことは、たいした時間や費用もいらず、でも、子どもの満足度は高いようです。

自分の提案に親がつき合ってくれた、親もなかなか喜んでいたようだ、という満足感なのでしょう。

末っ子は、いまでは中学生になりました。もう公園の遊具を見たって「遊んでいこうか！」とは言いません。兄たちもすでに、家を出ています。振り返ってみると、家族で公園で遊んだのは、あのときが最後だったかなと思います。

公園を通りかかって小さい子たちが遊んでいるのを見ると、ふと、あの夏の日のどこかの公園の私たちを思い出します。

18

よその子の手助けをして
お礼を言われなかったとき……

こう思ってしまいがち

（この子の親、
どんな教育
してるんだろう……）

↓

こう思えると楽しい

**（困ってる子を
助けられるのは、
幸せなことだ）**

知人の女性から相談されたことです。彼女の娘さんは、小学5年生で、小学校入学のころからダンスを習っています。そのダンススクールでのこと。

いつも彼女は車で子ども（Cちゃん）をスクールに送って、Cちゃんの準備を少し手伝ってから、いったん家に戻り、終わるころにまた迎えに行くそうです。

彼女の悩みはこんなことでした。

「スクールのある女の子が、いつも私のところにきて『Cちゃんのママ、私も手伝って……』って言うんよ。私はその子のヘアバンドしたり、アイラインや頬紅してあげてるんやけど。そのスクールは女の子ばっかり8人いて、その女の子以外は、ほとんどいつも親がついてきてるんやけど、その子だけは、来始めて3年ぐらいなるけど、1回も親に会ったことないねん。去年までは、うちの子の化粧をしてからその子もやってあげてたんやけど、いまは娘は自分でやるようになったから、毎回その子だけやってあげてる感じになってて。その子の親とかどう思ってるんかな……って。会ったことも話したこともないから。別に、お礼を言ってほしいとかじゃないねんけど、なんかもやもやしてる。だいたい、こんなことが気になるって、私ってすごく心が狭いんかなって思ったり」

同じような葛藤を、私もよく経験しました。我が家の子どもたちは、近所のサッカークラブに所属していました。グラウンド整備や試合の準備、後片づけ、ときには大会に車で送迎したり。保護者は当番制で手伝いますが、多くの親は、当番でなくても自主的に手伝いに来ていました。子どものがんばっている姿を見るのは楽しいものです。

一方で、ほとんど参加しない親もいました。なぜだか、親が来ていない子に限って、ケガをして手当てをしてあげたり、タオルを忘れてきて貸してあげたり、飲み水が足りなくなって補充してあげたりと、いろいろ手がかかるのです。だいたいの場合、親からお礼を言われることはありませんでした。

私は、このように考えています。もし、街中で見知らぬ子どもが転んでケガをして、近くに保護者がいないようであれば、私は自分にできる助けをすると思います。そのことでその子の親からお礼を言われるかどうかは、気にならないでしょう。助けることができてよかったなと思うでしょう。

見知らぬ子でも助けるのなら、まして子どもと同じチームの子、子どもの友だちであれば助けてあげたいと思うのは当然でしょう。

ではなぜ、もやもやしてしまうのか。1つの理由は、親との関係かもしれません。「自分の子が世話になっていることを親は知っているだろうか」「自分だったら子どもが世話になったら、お礼をいうだろうに」と考えてしまいます。

それならば、親と子どもをセットで見るのをやめてしまうことは、1つの解決になります。**親のことは頭からのけてしまって、困っている子どもと自分との関係だと考える**のです。そう思えると、笑顔だけでも、その場で子どもからもらえればそれでOKですし、別になくても気にならないと思います。

Cちゃんのお母さんには、そのようにアドバイスしました。その子とあなたの二人の関係として、できる範囲でサポートしてあげたらいいのだと思う、と。

何かの理由で親は来られない。その子は少しつらい思いをしているかもしれない。いつか「あのときCちゃんのママがやさしくしてくれたな」と思い出すかもしれない。将来、自分の子ではない子に、愛情を与えるかもしれない。

あなたのしていることは、そういうことだと思います、と。

19

とんでもないイタズラをしたとき……

言いがちなことば

「そんなことする子は、
うちから
出ていきなさい！」

↓

信じることば

**「おまえは
私の宝物だ！」**

繰り返しますが、子どもの問題で相談に来る親には、まず**「子どもに小言を言わないようにしましょう」**とアドバイスします。そのアドバイスの目的は、家ではとにかく子どもをリラックスさせることを目指しましょう、ということです。

片づけや礼儀、食事の作法など、家で学ぶべきことはたくさんありますが、いちばん大事なのはリラックスしてすごすことだと私は考えています。

「私はそのままでここにいていいんだ」「ここは私の居場所だ」という感覚を、子どもがしっかり身につけることです。

「そんな悪い子は、うちの子じゃないから出て行きなさい！」

「～しないんだったら、もうこの家にいなくていいよ！」

そう言ってしまいそうになるときもあるでしょう。育児ではイライラすることも多いし、親だって日々の生活でいろいろなストレスを受けています。うちの子はみんなやんちゃだったので、私もよくそういうことがありました。

でも、「この家から出て行け」という言葉は、子どもにはとてもひどい言葉です。子どもだって、それが親の本意でないことは理解しています。「つい、かーっとなって言っちゃったんだろうな」と、わかってくれます。

それでも、**「出て行け」と言われたことは、本人も気がつかない心の底に残って子どもを苦しめるかもしれません。**

あるときから私は、こうすることにしていました。

もしも「もう、おまえなんてこの家から出ていけ！」と言いたくなるほど、それほど子どもに腹がたったら、まず、**「自分は子どものことが思い通りにならなくて腹を立てているのだ」と意識する**ことです。

そして、子どもに対しては、こんなふうに言うのです。

「あのなぁ、これだけは言っとく。おまえがどんな悪いことをしても、父さんは（母さんは）おまえの味方や！　おまえは父さんや母さんの宝物や。この家は、おまえの安全な場所や！」と。

「君のことが大好きだ」でも「君は私の宝物だ」でもいいでしょう。

そういう言葉を、怒りながら言うのです。

怒りが迫力を生み出して、ますます迫真のセリフになるでしょう。

「父さん（母さん）は怒ったんやな、怒ったけど、この言葉を言ってくれたんやな」ということも伝わります。子どもが大人になったとき「腹が立っても、こういう返し方があるんだな」というモデルにもなるかもしれません。

子どものいたずらで、失われてしまったことや、起きてしまった被害は、もう取り返しがつきません。子どもは子どもなりに、反省もしています。そこまでの親とのやりとりで、親がどう困ったか、心配しているかも伝わっています。

自分が子どものころ、叱られたときのことを思い出してみてください。自分のしたことや、親がどう思っているか、言われなくても感じていたはずです。

そして、子どもなので理解できないこと、たとえば親が具体的にどれだけ困ったかなどについては、怒っている親が説明しても、さほど伝わらないでしょう。

そうであれば、生じた被害を少しでも取り返すためにも、「こんなことがあったけど、お父さんは自分を大事と思ってくれたんだな」というメッセージを子どもに伝えられたら、家族全体の被害を少しは取り戻せる可能性があるという意味で、お得です。

こう考えると、ピンチは毎回、チャンスになります。

「そんな甘いことだと、子どもはどんどんつけあがるんじゃないか？」
「悪い子になるんじゃないか。犯罪者になるんじゃないか？」

そう心配する親も多いようです。でも、自分が子どもだったらどうですか？　つけあがりますか？　それとも、感謝して今度は気をつけようと思いますか？　子どもだって自分と同じ人間ですから、同じような考え方をするはずです。

小言を言わないことのメリットの2つ目は、そのままの子どもを受け入れることができるということです。

小言を言う場合、多くは、子どものためを思ってのことでしょう。外から帰れば手は洗ったほうがいいし、宿題の字はきれいに書いたほうがいい。挨拶はできたほうが、できないよりもいい。子どもがいまできていないところ、子どもが気がついていないところを親が指摘して、子どもがいまよりも良い状態になる。それが小言の目指すところだと思います。

でも、見方を変えると、「いまのあなたはこうだけれど、それよりもこういうあなたのほうがいい」という言い方は、少し大げさかもしれませんが、いまのままのその人を受け入れないという姿勢にもつながってきます。ですから、**小言を言わないことは、目の前の子どもを受け入れる姿勢の表明**でもあります。


心当たりがないですか。子どものころ、自分の身近だった大人を思い出してください。その人の前だと、どうも気持ちが落ち着かない人がいたと思います。

逆に、ある人の前では、なんだか落ち着く、気持ちが安らぐ。そういう人たちもいたと思います。

しんどいときにはちょっと会いたくないな、と思う人と、しんどくても、むしろしんどいからこそ会いたいなと思う人。

後者は、つまり**「会うと癒されるような人」**は、**そのままの自分を受け入れてくれる相手です。自分の親がそういう安心できる人であること、家庭が安心できる場所であることは、他のどんなことより子どもを元気にすると思います。**

20

親が言わないと何もしないとき……

言いがちなことば

「どうして言われる
前にできないの！」

↓

信じることば

「あなたがやる前に
言っちゃって、
ごめんね」

ある小学6年生の男子の母親が、相談に来られました。その母親によると男の子は、言われないと着替えない、食事もしない、宿題もやらない……など、ほとんどすべてに母親が声かけをしているとのことでした。それでようやく子どもは、いやいやとりかかっていると。

いつも通り「小言を言わないで見守る」という基本方針を伝えました。

「それだと私の息子は宿題もしないし、風呂にも入りません。おそらく学校にも行かなくなると思います」

「もしも子どもがそうなったら、先生はどうにかしてくれるんですか?」

少し怒ったように、そう言いました。

だいぶ思い詰めた感じで、迫力があります。

「うちの子は、先生がこれまで会ってきた子どもと違うと思います。ダラけかたが半端ではないんです。そういう特別ダラけの強い子に、どう声かけしたら、やるべきことを自発的にできるようになるか。そこを教えてほしいんです」

そう言って、ゆずりません。

その母親には、そういう方法を教えてくれるところにいくべきであることと、

「もし私のやり方でやってみようという気になったら、また相談に来てください」

と話して、その日は帰ってもらいました。

そこから2、3か月経ったころ。観念されたのか、決心されたのか、母親が再度面接に来られました。ちょうど夏休みが終わって新学期になったころでした。

「これまであなたのやり方でやってきて、状況はよくなっていないのだから、ダメでもともとで1か月だけでも、小言を一切言わない方法に挑戦されたらどうですか？　それで効果がなかったら、私のやり方はやめたらいいと思いますよ」

私はそう話しました。そして、やるからには、徹底してやらないと時間がもったいないということを伝え、母親は納得しました。

このときの面接で、いまでもはっきり覚えていることがあります。

これから1か月、いっさい小言を言わないと決心したときに、母親の表情がはっきりと変わったのです。力が抜けたというか、大人の顔から子どもの顔になったというのか。とにかく、ぐっと表情がやわらかくなりました。

彼女は「きちんとした親の役割を果たさないといけない」とずっとがんばっていたのかな、と私は思いました。

その後、数回の面接でその母親が話したことは、およそ次のようなことです。

「新学期が始まってから、小言を控えることを意識しています。まず、子どもが**前より穏やかになりました。**以前は、ゲームをするときには私から隠れて、見えないところにいたのです。でも、文句を言われないとわかったら、台所で私が料理を作っているそばで、のびのびとゲームをするようになりました」

「『お母さん、なんでいろいろ言わなくなったの？』と子どもから聞かれたので、1か月間お母さんは小言を言わないことにしたんだと、カウンセリングでの取り決めを話しました。子どもが『そのカウンセリングの先生、いい人やなぁ！』とすごくうれしそうに言ったので、**親子で笑いました**」

「いままで、言われなければまったくやらなかったのに、食卓にランドセルを持ってきて、**自分から宿題をやるようになりました**。それは夕食後すぐではなく、風呂に入ってテレビを観て、夜10時を過ぎていたりもするのですが。朝も、これまでは何回声をかけてもなかなか起きてこなかったのに、**自分で起きてくるようになりました。**前は部屋まで行って、なだめたり、脅したりしていました。あれはなんだったんだろうという感じです」

「前と比べて、子どもが、私のそばに寄ってくるようになったんです。友達とのことや、先生が何を言ったとか、**学校での出来事を話してくれるようになりました。**この子って自分と同じなんやな、話が好きなんやなと気がつきました」

「いままでは自分が助けないとできない子なんだ、と思って見ていたんです。ところが、言ったらダメだと決まったら、違うところが見えてきたんです。自分も小さいころこんな子どもだったなと、いろいろ思い出したり。自分でも信じられない変化ですが、**私は息子のことを『なんでも自分でできる子』だと思うようになりました。**まだ2週間も経ってないのに」

「そういうつもりで見てみたら、ほんとになんでも自分からやってるんです。提出のプリントも自分で食卓に出してあるし、ハンコを押してとか言ってくる。野球から帰ると、スパイクの泥も自分で落としている。お弁当箱も流しに出してある。ストッキングもユニフォームも、洗濯カゴに出してある」

このような話をしながら、母親はとてもリラックスした表情でした。最初に来たときとは、別人のような顔です。

「自分は気がついていなかったんです。**あの子は、自分の子がそういう子だったらいいなと思うような子でした。**なんでも自分からできる、そして親になんでも話してくれる。あの子のいいところを、私は全然わかっていなかったんです。こんなダメダメのお母さんだったのに、あの子はいままでいつも私に『ありがとう』って言ってくれてたんです。洗濯ものや弁当箱を受け渡すたびに。私は小言をいうのに必死で、あら探しに注意が取られていて、あの子が言ってくれてる『ありがとう』を聞いてなかったんです。もったいないことしたなぁ、悪いことしたなぁと思います」

これほど劇的な変化は多くはありません。それでも、このようなケースにしばしば出会います。この家庭では、親子の間にいろいろな変化が起こったのですが、その中でいちばん大きな変化は、子どもではなく、**親の気持ちが変わったこと。親の見ている世界が変わったこと**です。

そしてもう1つ。この母親は「自分の子どもは本当はしっかりしている」ということに、うすうす気がついていたのではないでしょうか。

わかっていたけれど、**子どもがしっかりしていると認めるのは、母親の関わりがいらなくなってきていることを認めてしまうことになる。それがさみしかったた**のではないかな、と。

親は、いつまでも子どもの世話が焼けると思ってしまうけれど、それは違います。起きてから寝るまで、食べるものも着るものも、すべてを親が知っていて、世話をできる時期なんて、振り返れば、あっという間にすぎ去ります。

中学生になれば、もう彼らの世界の多くは、親から見えなくなります。高校、大学と進めば、ますますそうです。ときどき心に浮かぶ程度になります（それはあくまで、「子別れ」がうまくいった場合ですが）。

子どもの生活が親に全部寄っかかっているような時間は、とても貴重です。だからこそ、「あなたといることは私の幸せだ」というメッセージを、これでもか、これでもかと伝え続けましょう。

幸せになるために、子どもにも親にも、それよりも大事なことなんてないと思います。

21

遊園地などで、
大声ではしゃいでいるとき……

言いがちなことば

「そんなに騒ぐなら
二度と連れてこない！」

↓

信じることば

**「今日は、いっさい
小言は言わない！」**

以前、ある遊園地に、小学6年生だった子どもと、その友人達を連れて行った時の話です。我が家からは車で2時間ぐらいなのですが、もう車の中で、息子やその友人たちは騒ぎっぱなしです。

聞いていると、わざとらしくはしゃいでいる感じもあるのですが、そうやって気分を盛り上げて、楽しもうとしてるんですね。

広い駐車場について、しばらく歩いてゲートに近づくと、長い行列ができていました。子どもたちはワイワイとそこに並びました。たくさんの親子連れや若者のグループが並んでいます。

列に並んでも子どもたちは、おにごっこしながらはしゃいだり、誰かがゲームを取り出してやりはじめたり、それを横からはやし立てたり。たいへんにぎやかです。

これからの時間が待ち遠しくて、じっとしていられない。移動の時間も待っている時間も「遊園地に行く」という楽しみの一部なのだと、よくわかります。

ところが、こういう場面で必ず怒りまくっている親がいます。

「車の中でもあんだけ怒られて、まだわからないの！」
「もう今度騒いだら、すぐ家に帰るから！」
「きちんと並んどけって言ってるやろ！」

などと、怒声が聞こえてきます。

遊びに来てるから、子どもははしゃぐんですよね。はしゃぎに来ているわけだから。

でも、学校の遠足で先生が生徒を叱るように、子どもを叱っている、いや、子どもに怒っている。せっかく子どもを楽しませようと連れてきているのに、すごくもったいない話です。

ひどく他人に迷惑をかけていたら、「おいおい、だめだよ」と注意する必要はあるでしょう。しかし、先生が生徒を注意し続けるような接し方は、親も子どもも、つらいです。遊びに来ているのに、研修に来ているみたいになってしまう。

遊園地に行儀を習いに来ているのではないのだから、小言はもう一切封印してしまったらどうでしょう。親も子どもも、すごくラクです。

朝、家を出てから夕方帰り着くまで、「今日は一切小言を言わない日だ、楽しむ日だ」と決めて、子どもに宣言してしまうんです。よその子を預かっているつもりで接するのも、いいかもしれません。


こういう場面で、はしゃいでいる子どもに対して、なぜ怒ってしまったり、イライラしてしまう親がいるのでしょうか。

１つの理由としては、自分が子どものときに、楽しいところに出かけてはしゃぐと、いつも叱られたからかもしれません。今度は立場が逆になって、「私がその役割を果たさなければ」と、無意識に思ってしまっているのでしょうか。

また、別の理由として、批判の多い他人からの視線が苦手なのかもしれません。「あんなにうるさい子どもを注意もせず、なんて親だ！」のような批判にすごく敏感で、子どもにきちんとさせずにいられない親もいると思います。

そういう場合、まず親自身が解放される必要があります。

「子どもを喜ばせにきている」という目的を見失わずに、**「うちの子が不快な思**

いをさせてすみません！　家に帰ったらよく言い聞かせておきますので！」など と早めに謝ってしまうと、ずいぶん気がラクになるものです。

「親が細かく注意しなかったら、子どもは他人にどんどん迷惑をかけるだろう」
「危険な行為をして、自分や他人を傷つけてしまうかも」

そういう心配をする人も多いです。

でも、もしあなたがいつもおでかけのたびにイライラして怒りまくっているのであれば、一度ぜひ、チャレンジしてみてください。

「騒ぐ子どもを叱らないといけない」という強迫観念から解放されて、新しい世界が開けると思います。もしかしたら問題は、さわぐ子どもにあるのではなく、すぐにイライラしてしまう親のほうにあるのかもしれません。

感謝を言葉にする3つのメリット

この本の中で、あまり「こうしたほうがいいですよ」ということは書いていません。どうしたらいいかは家庭によって違うので、一概に言えないことが多いからです。

でも、一概に言えることがあります。それが、**「感謝の言葉をはっきり伝えること」**です。

一緒に暮らしていれば、日々の暮らしは相手へ感謝する場面にあふれています。

たとえばこれを書いている今朝、私は、妻に「風呂の洗い場のゴミ、ありがとう」と言いました。一昨日、髪の毛やゴミが溜まっているなと気がついたのですが、翌日やろうと思って、そのままにしていました。

昨夜、風呂に入ったとき、きれいになっていたことに気がついたのですが、ありがとうを言うのを忘れていました。そして、今朝、思い出したので、すぐ言いました。

掃除といってもおおがかりなものではなく、脱衣所に置いてある使い捨ての手袋でかき集めて捨てるだけです。

でも、その1つのアクションが面倒なことがありますよね。私はぼんやり暮らしているので、いろいろとやってもらっているのに、あまり気がついていないようです。なので、気がついたときには、必ず言葉をかけるようにしています。

このメリットは大きいです。相手がいい気分になってくれたら、一緒に住んでいる自分にも、いいことが跳ね返ってきます（功利的ですね）。家庭の中がいい雰囲気になれば、そのメリットは全員が享受できます。

そして、もっと具体的ないい点が、3つあります。

①まず、**「言葉がけが上手になる」**ということです。どういう言葉をかけるか、その選び方が上手になります。「ありがとう、助かったよ」「いつもありがとう」「うれしいわ」「えー！　ありがと！」「やったぁ！」「結構大変やったやろう、覚えててくれたんや」……などなど。

言葉としてのバリエーションもそうですが、抑揚や「間」、表情やアクションも、同じぐらいに大事です。

さらに重要なのは、それらの言葉を生み出すもとになる「自分の心の動き」に敏感になることだと思います。

相手がしてくれたことに気がついた。そこで心が動く。その動きを逃さない。深いところから、ぐっと水面まで引き上げて、言葉にして外に出す。その心の働きも、筋トレをすれば筋力が上がるように、トレーニングするうちに強くなってきます。これらは、実践の場で何度も何度も練習することで、洗練されていきます。

②もう1つは、**「見る目が鍛えられる」**

という点です。相手が何かをしてくれたときに限らず、何かいい変化があったときや、ポジティブな声かけができそうな場面に、敏感になります。

ちょっと言葉はよくないのですが、「褒め上手」になるわけです。ときには本人が気がついていないような行動の結果にも、いいコメントをしてもらえると、言われたほうはうれしい驚きを味わえます。

これはいわば**「あら探し」の真逆の視点**であり、その力がどんどん鍛えられていくわけです。

③最後に、**「そのようなコミュニケーションすべてを、子どもにモデルとして示せる」**ことです。相手に感謝をどうやって伝えるか。毎日、いろいろな場面で親が見せてくれると、子どもは学習します。**「感謝の言葉を伝えるということのネイティブ」になる**わけです。これは重要なコミュニケーション・スキルです。

このコミュニケーションスキルに関して、わが家はいわば早期教育をしていることになります。

子どもたちは「ありがとう」とか「わー い！」などと、お礼の表現がとても上手です。私や妻よりも、ずっと自然にできています。このスキルは家庭内にとどまるはずがありません。これから彼らが生きていく人間関係の中で、いろんな場面で発揮されるはずです。

22

学校の先生から
電話がかかってきたとき……

言いがちなことば

「もっとまじめに
やりなさい！」

↓

信じることば

**「先生、○○のこと
大好きらしいよ」**

夜7時になると、うちによく電話がかかってきます。ナンバーディスプレイに、ちょうど「××－8734」と表示されるので「話さんよ《8734》」とおぼえていました。子どもたちがお世話になってきた中学校の番号です。

先生はいつも残業されていて、本当に大変なお仕事だと思います。たくさんの生意気な子どもたちの相手をしなければいけないし、残業してまで、困った子の親に報告の電話もしないといけない。

その電話で知らされるのは、ほとんどが「子どもがこんな困ったことを学校でしましたよ」という内容です。「友達の●●くんともめて、服のボタンが取れました」とか「昼休みに学校から外に出て注意されました」とか。ときにはもっと深刻なこともあったりして。

その日にあったことを、保護者に報告してくださるんです。そういう電話がかかってこない家もあるんでしょうが、うちにはしょっちゅうかかってきます。

そういう場合、私は先生に、ただ謝ります。**「うちの子のことで余計な手間を取らせてすみません」**と。そして、わざわざ知らせていただいたことに、感謝します。どこかよその家に謝りの電話を入れたほうがいいなら、その家の親御さんにも謝りますし、壊したものの弁償は、もちろんします。

でも大体は、「いえ、何かしていただく必要はないんです。お耳に入れておこうと思いましたので。息子さんにはよく話してありますので」という流れで終わります。

それならなぜ「お知らせ」してくれるのかな、と疑問を持つこともありますが、遅い時間まで子どもたちのことで職場に残っておられるのは、大変なことだと思いますから、ただ感謝です。

電話のおしまいには必ず**「手のかかる子ですが、先生のおかげで機嫌よく学校に通っております。いつも感謝しています」**と感謝の思いを伝えて、電話を切ります。

さて、わが家の大原則があります。

子どもには、電話があったことを知らせません。

子どもが一緒にいるときは電話があったことがわかってしまいますが、そういう場合も、内容は知らせません。

子どものほうでは、およそ見当がついています。子どもから自分の「罪状」を白状することもありますが、言わないことのほうが多いです。どちらにせよ、学校での面倒を家庭には入り込ませないというのが、わが家の基本方針です。

子どものほうから、「先生、なんか言ってた？」と聞いてくることもあります。そういうときに言うことも決めています。

「うん、先生はな、まあいろいろあるけど、先生は、君のことが大好きですって言っといてくださいって、話してたよ」

子どもには、そういうふうに話します。子どもは、ほっとしたような顔をして「そんなこと言うわけないやろー」などと笑いますが、まんざらでもなさそうに見えます。

これは、保育園のころからの一貫した方針です。

「〜に噛みつきました」とか「噛みつかれました」など、連絡帳にいろいろ書いてくださっていますし、お迎えのときに、いろいろお小言をいただくこともあります。

でも、とにかくがんばって1日すごしてくれたな、面倒見てくださったな、で満足です。家に戻ってまで保育園での生活に文句は言いません。

外の面倒を家庭に持ちこんで、子どもの、そして親の心の安らぎを破ることに、いいことは何もないからです。

このような話をすると「でも、内容によっては、やはり家でも注意したほうがいい場合があるのではないですか？」という質問をよくいただきます。

それはたしかにそうなのかもしれませんが、内容によって伝えたり伝えなかったりという基準で考えていると、悩みますし、そこで腹が立ったりもします。

なので、もうとにかく**「学校からの電話は入り口でシャットアウト」**と決めているんです。決めていることなので迷いませんし、動揺もしません。決まりなんですから。

こうすることで、**家でくつろいでいる子どもや親を、無用のストレスから守ることができます。**学校のことは学校で片づけてもらおう。そのかわり、家のことは家で片づけて外に持ち出さない。

もちろん、例外もあるのでしょう。こればかりは、どうしても、親からもひと言、伝えておいたほうがいいと考えられるような場合には、親子で話し合ったりもするつもりです。ただ、いままで20年ぐらい子育てをしてきて、実際には、そのようなことは一度もありませんでした。

念のために書いておきます。この話は、「わが家ではこうしていて、そこそこうまくいっている」ということをお伝えしたいのであって、「こうしなさい」と言いたいわけではありません。

学校から電話がくるたびに、せっかくくつろいでいたのに、子どもも親もつらい気分になってしまう、という話をカウンセリングでよく耳にします。そういう人が、少しでも気持ちをラクにしてもらえればと思って紹介しました。

23

反抗的なことばかり言うとき……

言いがちなことば

「それが親に向かって言う言葉か！」

↓

信じることば

「なかなか、言うじゃない」

5年生の男の子の父親Dさん。わざと親を怒らせるような子どもの行動に、どう対応したらいいのか、相談に来られました。

やるべきことをわざとやらなかったり、母親にわざと嫌がることを言ったり。それも、自分に聞こえるように言ってくる、と。

子どもは、Dさんを挑発しているのです。

このような、腹が立って怒鳴ってしまいそうな場面で、挑発に乗らず、怒らずにしっかりと対話をすることで、父親は勇気を示すことができます。腹が立っても、声を荒げたり、こわい表情になることなく、話し合って乗り越えていけるという見本を示すチャンスです。

この先の人生で、子どもは、そのような対決、交渉の場面に何度も出会うはずです。衝突する相手は、親ではなくもっとリスクが高い相手かもしれません。

やさしい安全な相手である親とこのような練習ができることは、この先の人生で、やさしくない相手と対決しなければならない場面で彼を支えることになるでしょう。そういう贈り物をするチャンスです。

さて、「どう対応したらいいのか」というのがDさんの問いでした。述べたように、ポイントは、「これは困ったことではなく、チャンスなんだ」と、まず受け止めることです。これは貴重な機会であると意識すること。

Dさんは、頭ではわかっていても、そのような場面になると、かっとなってしまって、最初はなかなかうまくいきませんでした。

実は、Dさんの父親は、いわゆる「口より先に手が出るような人」であり、子どもの目の前でも、母親を怒鳴ったり、ときには暴力を振るったりしていたとのことでした。Dさんも何度もたたかれたそうです。Dさんは、親からの暴力のトラウマを抱えていると考えられます。

そして、自分が親になったいま、子どもから生意気なことを言われた場合に、本来のDさんならばそこまで腹がたつわけでもないのに、父親と自分の関係が重なって、怒りに我を忘れてしまうようでした。

つまり、**Dさんは、親として子どもと接しているけれど、かつて父親から受けた暴力の恐怖が蘇り、子どもとして恐怖を感じているのかもしれません。**

そして、Dさんの父親がやっていたような、暴言や暴力をふるいそうになってしまうのでしょう。

私は、そのことを面接で指摘しました。Dさんは、怒りを感じた場面で自分の気持ちを見つめることを繰り返していくうちに、子どもの挑発にもかっとならずに乗り切れるようになりました。

このような場合に、「ダメなものはダメだと、強く叱ったほうがいいのではないか」という考え方をする人もあります。

「強く」ではなく「冷静に」叱るのは、悪くないと思います。

しかし怒るべきではありません。**怒鳴ったり、暴力で言うことをきかされると、子どもは、今度は他の人との関係でも、暴言や暴力に屈するようになるかもしれません。もっと悪い場合は、相手、たとえば結婚すればパートナーを、子どもができれば子どもを、暴力で押さえ込もうとするかもしれません。**

「暴力はダメなんだ」という原則がしっかり伝われば、子どもがこの先の人生で、相手との交渉に暴力を用いる可能性を低くすることができるでしょう。

また、他の人（学校であれば仲間や先生）の**助けを呼ぶことは、恥ずかしいことや卑怯なことではなく、正当で当然のことだと自然に思える子は、そうでない子よりも、危険な状況になりにくいと考えられます。**

逆に、暴力で従わされたり従わせたりということを「ある程度仕方のないこと」と受け止めてしまって、暴力を肯定してしまえば、「助けを求める自分は弱い、情けない」と思ってしまうかもしれません。

子どもが**SOSをしっかり出せるために、暴力的な交渉を拒絶できるようになるためにも、親として怒らずに対話することが大事です。**Dさんから息子さんに送られたスキルは、この先の息子さんの人生で、大きな財産になるでしょう。

また、Dさんは、「親にこんな口をきいて、そのときに叱られなかったら、息子は外でも生意気にふるまってしまって、痛い目にあうのではないか」と心配されていました。私はこの点も、さほど心配ないと思っています。

Dさんの言う「外で」とは、仲間との関係でしょう。子どもは、いきなり社会に出るのではなく、幼稚園や保育園、そして小学校、中学校、その先へとゆっくりゆっくり成長していきます。

相手への怒りも親しみも、攻撃性も愛着も、腕力や言葉と同じようにゆっくり育っていくものです。

いろいろな子どもや仲間と出会うでしょうから、痛い目にも遭うかもしれませんが、どうやったらそれを回避できるか、そこから逃げ出せるか、何度も何度も繰り返して学んでいくはずです。

かくいう私も、この点に関して、失敗をしたことがあります。

子どものサッカーのコーチをしていたときのこと。長男は気持ちがやさしく、試合で相手に強く当たっていく気迫が欠けているように私には思えました。

私がかつてそのような指導を受けたので、子どもにも「試合はケンカと同じだと思って、もっと強くぶつかっていかないとダメだ」と指導したのです。

すると、子どもは余計に萎縮するようになり、良いプレーが減って、大事な場面でミスが増えました。

「なんで練習でできることが試合でできないの？」と、私が聞きました。

子どもは「なんでかわからんけど、相手がこわく見えて。普通にできなくなってきた」と言いました。他のスポーツでも同じだと思いますが、楽しくのびのびやるからこそ、創造的なプレーも出るのです。

試合の相手だって、そもそもは一緒にサッカーを楽しむ仲間です。「相手は敵だ、倒せ！」のような考えは、勝ちに固執した大人の押しつけです。私は自分の劣等感、つまり「負けるのがこわい」という意識を子どもに押しつけていたのです。子どもの大事な成長の機会を奪っていたのだと、そのときに知りました。

やがて、子どもは楽しくて熱中して、一所懸命になっていくうちに、どうしても勝ちたい、負けたくない、と思う日がくるかもしれません。

しかし、**それは親が押しつけることではなく、子どもの心の中から自然に生まれて来るべきものなのだ**と、子どもに教えられました。

なぜ「怒る」はダメで「叱る」がよいのか？

これは、多くの育児の本で語られていることです。

「怒る」というのは、目の前の出来事を受け入れられない、現実を受け入れたくないという混乱です。「取り乱している」わけです。

子どもが何か望ましくないことをした場合に、「怒る」という反応は、親が混乱している自分をそのまま出してしまっている状態と言えます。

「こわい」「困った」「つらい」などの感情が、言葉だけでなく、声の大きさや、表情などで表されています。

一方で、「叱る」というのは、良い意味で感情が入っていません。

「あなたのしたことの、ここがこういうふうによくなかったよ。その理由は、こうだからだよ」。そうやって「冷静に伝える」と言うことです。

では、なぜ叱るほうが望ましいのでしょうか。

伝えたいことが、しっかり伝わるというのはもちろんです。それ以外に、少し大げさに言えば、**「暴力を否定する姿勢を子どもに伝えることができる」**という点があります。

怒って感情に任せて、怒鳴って、小突いて、相手にいうことを聞かせる。親はそれほどとは思っていなくても、子どもにしてみれば脅威です。

そんな大げさな、と思うかもしれませんが、親の気づいていないうちに子どもが深く傷ついてしまうことがありえます。

また、先に書いたことですが、そのようなコミュニケーションの方法を受け入れてしまう危険があります。

相手にそういうことをする危険もありますし、そうしなくても、暴力的にいうことを聞かせようとする相手に屈してしまいやすくもなるでしょう。そのような「交渉」を受け入れてしまうからです。

また、**繊細なやさしい子の場合だと、教室で他の子が先生から怒鳴られているとき、つまり、他人が「叱られている」のではなく「怒られている」のを聞いていただけで、傷ついてしまうこともあります。**

「そんなことぐらいで傷ついていては、この先、生きていけない。もっと強くならないといけない」と思う方もあると思います。ある意味で、それは現実でもあります。

しかし、怒鳴られても平気な子、つまりタフな子、言い方は悪いけれど鈍感な子だって、鍛えられてそうなったのではありません。「感覚への敏感さ・鈍感さ」は生まれついての素質です。

家庭の外での厳しい経験は乗り越えていかねばならないでしょうが、親まで一緒になって子どもを傷つける必要はないはずです。少なくとも私は、自分の子にそんなことをしたくありません。

子どもが望ましくないことをしたときは、混乱して感情を吐き出してしまうのではなく、勇気を持って現実に向き合って、いわば、ちゃんと「困って」、きちんと叱りましょう。これは、ピンチではなく、貴重なチャンスなのだと心得て。

怯えて怒鳴って混乱する（＝怒る）姿ではなく、冷静にカッコよく問題に向き合う（＝叱る）姿を子どもに示すことができます。

それは、子どもがこの先、学校や社会で周囲の人との関係において、困ったときにどうふるまうべきか、その大切な手本を示していることになるのだと意識して。

これは、とても贅沢な育児だと私は思っています。

第 5 章

13歳以上

親子の別れが始まる時期

子どもは、親が思うよりずっと、
世の中のことや自分のことを考えています。
だからこそ親は、いつも変わらぬ
「心の拠り所」でありたいものです。
親から離れたいけど、親を頼りにしている。
「親はどんなときも自分のことを
思ってくれている」という確信がほしい。
だからこそ、この時期に
「あなたは私の大事な子どもだ」と
愛情を伝えることができれば、
心の中にずっと残って、
生涯、子どもを支え続けることになるのです。

24

元気づけようと思って……

言いがちなことば

「型にはまらず、
自由に、自分らしく
生きてほしい」

↓

信じることば

**「そのままがいい。
そのままで大好きだ」**

新聞の投書欄で、以前、次のようなものを見かけました。
みなさんはどのように感じられるでしょうか。

『世界に一つだけの花』の歌詞が好きです。
「一番になれ」と、子どもを育てている親も多いと思いますが、子どもは一人ひとり違うのだから、「精一杯やってくれたらそれでいいのよ」と、声をかけてあげてください。
（60代女性）

この方は、多くの親が、子どもを叱咤激励しすぎていることを心配して、この投書をされたようです。子どもをがんばらせようと必死になっている親に対して、「もっと温かい視線で」と提案しています。

その気持ちはわかります。やさしい方なのでしょう。子どものために、子どもが将来つらい思いをしないように、と思いながら、子どもに厳しく接してしまっている親にとって、「もっとやさしく接しても大丈夫ですよ」と、先輩から言葉をかけてもらうことは、大きな支えになるでしょう。

しかし、揚げ足を取るわけではありませんが、「精一杯」という言葉は適切ではないと、私は思います。

どこまでやったら精一杯かわからないから、です。

子どものサッカーの試合などで、コーチや保護者からかけられる言葉にも「精一杯」が出てくることがあります。「もっと精一杯やれよ！」「キミの精一杯はそんなもんか！」などと。真面目な子どもほど、がんばり屋の子どもほど、どこまでもがんばろうとするでしょう。

なので、親も子もラクになる声かけとしては、**「そのままで大丈夫」「そのままのあなたが大好き」**など、そのままの子どもを受け入れるような言葉がいいと、私は思います。

このような趣旨の投書もありました。

先日、娘が願いごとを短冊に書いて保育園に持っていくということがありました。娘が自分の願いを書いてから、「お母さんのお願いごとはなーに？」と聞いたので、「あなたが大人になって好きな人と結婚して幸せになることよ」と答えました。

まだ幼い娘も、いつか大人になっていくのだと思いながら、今の娘との幸せな時間を大切にしようと思いました。（30代女性）

大切に子育てをされていることや、娘さんの成長をとても楽しみにされていることが伝わってきます。

ただ、**「お母さんのお願いごとはなーに？」と聞かれたのに「あなたにこうなってほしい」という、ある意味では指示や要求ともとれるような形になっている**ことが、少し気になります。

母親は、そのような要求をしているつもりは全くないのだとは思います。でも、子どもに求められていることの一つひとつは、人生の大きな課題とも言える、重たいことです。

・大人になりなさい
・好きな人をみつけて結婚しなさい
・幸せになりなさい

子どもは親のことが好きだから、親を喜ばせたいと思うでしょう。親の思いを果たそうと、子どもは背負い込むかもしれません。ちょっと大げさかもしれませんが、子どもの健気さは、大人の想像を超えていることがよくあります。

「好きにしたらいいのよ」とか「楽しく生きてくれたらそれでいい」という「願い」も、「要求」となって、子どもに同じような問題を引き起こす可能性があると思います。

本当に「好きにする」のを認めるのなら、何も言わなければいいわけです。

「好きにしたらいい」という言葉には、「あなたは私のために、楽しく生きねばならない」とか「幸せにならねばならない」という要求の一面があり、子どもにとってはやっかいなのです。

楽しく生きたり、好きにするというのは、大人になっていくほど難しいということは、誰もが知っていることです。でも、大人は、生き延びてきた間に、妥協する方法を身につけているので、まあ平気です。

でも、子どもは、これから現実の壁にぶつかるのです。

なので、**自由に生きよう、幸せに生きよう、個性的に生きよう、などと思えば思うほど、身動きが取れなくなるでしょう。真面目な子ほど、聞き流せないので、そうなりやすいと思います。**

ある不登校の高校生の父親との面接でも、同じような言葉に出会いました。

その父親は、子どものころに、両親から学歴偏重の価値観を押しつけられ、したいこともがまんして子ども時代をすごしたと話しました。

そして、その結果、いまのエリートの地位を得ることができたけれど、周囲から思われているほど自分は幸せではない。子どものころにもっといろいろなことをして、楽しくすごしたかったと、後悔が残っているということでした。

「だから、自分の子どもには、私の価値観を押しつけたくなかったんです。子どもに伝えたかったのは、どんな生き方をしてもいいんだ、ということです。できれば、型にはまらずに自分に合った生き方を模索しながら、楽しく自分らしく自由に生きてほしいと、そう思って育ててきました」

もう、お気づきかもしれません。父親の思いには共感できますが、やはり、気づかぬうちに、子どもに対して、生き方を指示してしまっています。

「型にはまらず、自分に合った生き方をすること」や「楽しく自分らしく自由に生きる」こと。どれ1つとっても、決して簡単なことではありません。

自由に生きている、とは言っても、そのなかにはいろいろな妥協があることを、大人なら知っています。しかし、まだ社会に出ていない子どもには、それはわかりません。型にはまらない生き方をしなさい、と言われても、想像がつかないでしょう。

良かれと思ってかけてしまっている言葉が、知らず知らずに子どもにいろいろなことを要求してしまっているかもしれないことを、親は意識しておくことが大切なのです。

そして、それは面倒だったり、大変なことではあるけれど、育児のおもしろいところでもあると思います。

25

服を脱ぎっぱなしにしているとき……

言いがちなことば

「脱いだ服は洗濯機に
入れてって
言ってるでしょ！」

↓

こう思えると楽しい

**（片づけは
いい運動に
なるなぁ！）**

以前、私が書いた『子どもを信じること』という本の中で、もっとも質問や「お叱り」のコメントが多かった箇所の1つを紹介します。

学校から帰ってきた子どもが、服やランドセルを自分から片づけていれば、それはすばらしいことだと思います。ハンガーにかけたり、洗濯機に入れたり。ランドセルなどは自分の部屋に置いたり。

でも、脱ぎ散らかし、置き散らかしていたら、どうするか。

わが家の子どもたちは、自分から片づけられなかったので、はじめは片づけるように注意しましたが、あまり改善がありませんでした。でも、小言を言いつづけていては、言うほうも言われるほうもしんどかろうということで、この点に関してはあきらめて、私が片づけるようにしました。

玄関を入ってすぐの場所にいくつかフックを取り付けて、制服をハンガーにかけて吊るし、ランドセルはそこに引っかけます。多いときでは3人分、服やカバンが散らかってましたが、片づけるのにかかる時間は2、3分です。

私は、**片づけができる子になることよりも、とにかく家ではリラックスできることを育児の目標にしていました**ので、苦になりませんでした。

中学、高校と進むにつれて、どの子もいつしか脱ぎ散らかしはなくなりました。小言を言わなくても、いつまでも脱ぎ散らかすわけではなかったのです。

私は、「いつかはできるようになるだろう」と思って、片づけていたのではないのです。この違いが大事だと思うので、書いておきます。

もし**「いつかはできるようになるだろうと信じて」やっていたら、片づけながら、「いつになったらできるようになるのやら」と不満に思ったことでしょう。**

そうではなくて、たとえこの先ずっと脱ぎ散らかしたって、いくらでもいつまでも、自分が動ける限りは自分が片づけてやるぜ、という明るい、楽しい気分で片づけていたのです。

家でリラックスして、エネルギーを蓄えて、外の厳しい社会で生き延びてもらいたい。これが私の育児の最重要な目標です。家でのんびりできれば、心の元気がたまるはずです。ゆとりも生まれるし、試練にも、必要なら耐えられるでしょう。もしくは、嫌だと感じたら早々に撤退することもできるでしょう。

生きることを好きになる。自分を大事にできる子になる。そういう可能性も、家でのんびりできれば、高くなると思います。

「片づけができないままでいいのか？」という質問も、よくあります。**できないよりは、できたほうがいいと思います。そのほうが、生きていく上でも有利でしょう。ただ、私の場合は、家でリラックスできるということの優先度をずっと高く設定している**ということです。

また、「子どもはいいけれど親はリラックスできないではないか！　ストレスがたまるではないか！」というご批判もあります。

無理はしなくていいと思います。私は、自分の目標が子どものリラックスなので、「服を片づけなさい！」と小言をいうよりも、自分でさっさと片づけるほうがずっと、自分の気がラクなんです。

話はそれますが、家事で体を動かす消費エネルギーは、フィットネスクラブで運動するのと同じぐらいだそうです。なので、子どもの服を拾うとき「自分はいま、ジムで運動しているんだ」と思うことにしています。お金はかからないし、子どもは小言を言われないし、部屋は片づくし、一石三鳥です。

26

失敗してしまったとき……

言いがちなことば

「だから言ったでしょ。
言う通りに
しないからよ！」

↓

信じることば

「たいへんだったね」

知人が、あるとき、スマホで地図画面を送信していました。中3の息子さんに、模擬試験の会場の地図と道順の説明を送ったとのことでした。

「あの子はこういうことが本当に苦手で、迷子になりかねないんですよ」と言いながらも、彼女はどこかうれしそうでした。

子どもに対して「あの子は頼りないから私が助けてあげないと」と気にかける親は、「まだ子どもは自分のもとを去らない」「子どもから見捨てられることはない」と、どこかで安心しているのかもしれません。

別の友人の話です。彼の高校生の息子さんが、夏休みにアメリカに住んでいるいとこを訪ねることにして、自分で旅行の計画を立てました。飛行機のチケットもインターネットで調べて、いろいろ考えて子どもが自分で予約しました。

しかし、子どもの選んだルートは、親から見れば乗り換えに無駄な時間が多く、とてもまずいルート（と、親は言いました）だったそうです。

そこで、彼が「もっといいルートがあるよ」とアドバイスしているうちに、子どもは怒り出して、結局、旅行はとりやめになってしまったそうです。

費用はそんなに変わらなかったそうですし、「息子さんの選んだルートでよかったのでは？」と友人に尋ねてみました。しかし、「乗り換えに空港で何時間も無駄にすごすよりも、早く目的地に着けるほうが絶対にいいはずでしょ。そんなことさえわからないなんて、息子には本当にがっかりした」と、彼はまだ怒りが収まらない感じでした。

もちろん、普段の親子のコミュニケーションにも少々問題はあるのかもしれませんが、しかし、ポイントは、最初の話と同じです。

子どもが自分で選んで、自分で楽しんだり苦労したりして、親以外の人や出来事から学んでいくことの大切さ、そのような子どもの経験へのリスペクトをしっかりもちましょうということです。

これは、自分の子どものころを思い出せば、すぐに理解できると思います。

親からの「助言」は、ありがたかったですか？　うっとうしかったですか？

子どものためにと「正しい」アドバイスをして嫌われるより、子どもが、親から見れば「正しくない」「未熟な」選択をするのを、勇気を持って見守る。

もちろん、あきらかに露骨な失敗をしそうなとき、たとえば受験票や飛行機のチケットを持たずに家を出ようとしていれば、「大事なもの、忘れてるよ！」という指摘はしてあげたほうがいいでしょう。それさえ言わないのは、ただの意地悪になってしまいますから、程度の問題はあります。

それでも、親は、自分の「正しさ」に注意が必要だと思います。正しさを押しつけることが、いつも子どものためになるわけではない、ということに。

「母親は、子どもに去られるためにそこにいなければならない」

これはエルナ・フルマンという心理学者の、有名な論文のタイトルです。

この論文には、親が手を回したり導いたりしなくても、いやそうしないほうが、子どもはしっかりと自立していく、ということが説かれています。

「離乳のときを思い出すように」とフルマンは書きました。離乳食に興味を持たせようとしなくても、子どもは、自分の好奇心でいろいろな食べ物に引きつけられるようになります。むしろ母親のほうが「ママのおっぱいが一番」だったわが子が成長していくことに、さみしさを感じるのだと書かれています。
「やさしくしすぎたら家から出て行かないのではないか」と気をもむ親もいますが、子どもはいつまでも親に頼りたいとは思っていません。彼らなりのタイミングで、彼らなりのスタイルで、親から独立して行きます。
だから、親がすべきことは「去られるためにそこにいること」だというのが、フルマンの主張なのです。

また、「そこにいなければならない」という言葉は、たいへん意味深いものです。困難に出会ったり孤独を感じたとき、振り返れば自分を見守っている親の姿を確認できることは、子どもにとって不安な独り立ちの始まりには、とても大切な支えになります。

「そこにいる」というのは、子どもの選択を見守り、必要なときにはいつでも安全な場所に戻れることを保障する態度です。

「そこにいる」ことは「何かをする」ことよりも、ずっと難しいのです。

「自傷行為」を親はどう受け止めるか？

苦しいとき、つらいときに子どもが頼るのは、親です。

幼いときには、親にＳＯＳを出すのは簡単です。赤ん坊であれば、ためらいなく大声で泣くことができます。

ところが、だんだんと自分の心が育ってきて、状況を判断して辛抱できるようになると、ＳＯＳは出されなくなってきます。これは子どもが成長している証拠でもあります。

たとえば、予防接種でも、歯科検診でも、3歳、4歳、5歳と年齢が上がれば、子どもの態度も頼もしく変化していきます。いつまでも「ママ〜！」と泣いているわけにはいきません。子どもは誇り高くあろうとする存在だと思います。

辛抱強いことは長所でもあるけれど、必要なときにＳＯＳが出せないこと、しんどいときに「助けて」というのが苦手なことはまた、弱点でもあります。そのバランスを、親は意識したいものです。

「助けて」と言えない場合、子どもは別の形でＳＯＳを出します。**忘れ物をする、友だちにいじわるをする、宿題をしない、朝**

起きない、爪噛み、チック、登校を渋る……。これらは安全なほうだと思います。

よく誤解があるのですが、そういうことを子どもは「わざと」やっているわけではないのです。

ストレートに「いまとてもつらい、苦しい」と言うことができない。それで、親に、ときには先生や周囲の信頼できる大人に伝わるような行動が「選ばれて」発信されているのだと、私は思います。

いわゆる「自傷行為」も、辛抱強い子どもがなかなか出せないSOSを必死で発しているという要素があるでしょう。

たとえば、自分で髪の毛を抜く行為、いわゆる「抜毛症」は、しばしば相談を受ける「問題」です。

子どもが自分で髪の毛を抜いているのは、親にとってはかなりショックなことです。「なぜそんなことをするのか」と叱りたくなるのも、親としては当然です。

でも、そのような子の多くは、辛抱強い子であり、親に迷惑や心配をかけまいと自分でなんとかしようとがんばる子なのです。学校で仲間はずれなどのいじめにあっていても、登校を続けているようなケースがほとんどでした。

髪の毛を抜くという行為には、そのような形で「自分はいま、とても苦しい」ということを親に伝えようとしている側面があること、子どもから親に向けた大切なSOSだということを、面接ではまずしっかりと説明します。

机の上に置いてあったり、ゴミ箱の見えやすいところに捨ててあったり。親が見つけやすいところに抜かれた毛が置かれていることが多いのも、子どもは意識していないかもしれませんが、親に向けたメッセージであると考えられる理由です。

逆に考えると、抜かれた髪の毛が上手に隠されているような場合は、見つけやすいところにあるよりも、深刻な状況だと言えるかもしれません。

髪を抜くという行為は、「やめさせなければならない困った行動」ではないのです。子どもが自分を守るために必死で生み出した行為であって、子どもにとって大切な行動です。

そこを親が理解すること、受け入れることが、大切な第一歩になると、私は考えています。

もしもSOSが別の形で、たとえば家出や援助交際などの非行、リストカットや過剰薬物摂取、拒食症などの形で出されたとしたら、子どもの人生や身体へのダメージも親のストレスも、ずっと大きくなります。

抜毛を「選んでくれた」子どものやさしさ、賢さ、強さを、親が受け止めることは大事です。

その意味では、子どもも親を信じているのです。**「自分の親なら、このメッセージを受け止めてくれるはずだ」**と。

親がカウンセリングに通い始めて、子どもの苦しい心に気がついて、受け入れるように接することで、子どもの怒りや甘えが出てくることがあります。

これは、良い兆候です。やさしかった子が、これまでの不満をぶちまけるようになるかもしれません。「おまえのせいだ！」と親に向かって怒るかもしれません。

そのようなときに**「そんなにしんどかったんだね」「気づいてあげられなくてごめんね」「どんなことがあっても私はあなたの味方だよ」**と、繰り返し勇気を持って伝えること。たとえすぐには子どもはその言葉を受け止めなくても、それが、子どもを癒すことに、必ずつながります。

いわゆる「赤ちゃん返り」が現れることもあります。もう中学生になっている子でも、一緒に寝てほしいとか、おっぱいを触らせてほしいとか、着替えを手伝ってほしいとか、食事を食べさせてほしいなどと、構ってもらおうとすることがあります。それを親が断ると、泣いて怒ったりすることもあります。

このような赤ちゃん返りの言動も、「髪の毛を抜く」という遠回しなSOSから、より直接的な親への愛情のリクエストに変わってきている好ましい変化です。

この急な変化に、親のほうも戸惑うのは当然です。できれば、カウンセリングを受けながら子どもに向き合っていくことが、望ましいと思います。

基本的には「どんなあなたでも愛してい

るよ」という全面肯定のメッセージを送り続けながら、子どもと一緒にいることが基本です。

もちろん、これはとてもしんどいことですが、子どもにとってはいちばん頼もしい伴走者を得られることになります。

そうやって問題を乗り越えられたら、その達成は、子どもの、この先の人生を支える力になります。

27

進路に悩んで立ち止まりそうなとき……

言いがちなことば

「あの高校に
入れさえすれば……」

↓

信じることば

**「おつかれさま。
悩んでいる
みたいだね」**

私は教育の専門家ではありませんので、「どうやって勉強したらいい成績が取れるか」というようなことは書けません。ここで書くのは、子どもにとっての勉強というものを親はどう考えるべきなのか、ということです。

カウンセリングでしばしば出会うのは、親が勉強や成績にこだわりすぎて、より大切なことが見えなくなっているケースです。

「どうしたらいい成績が取れるか」と、子どもが悩んでいるのなら、悪くないでしょう。しかし、親がその方法を知りたがっているというのは、問題があると思います。

当然ですが、勉強するのも、難関といわれる学校に進学するのも、働くことだってそうですが、みな、幸せな人生を送るためでしょう。幸せになるという目的に対して、勉強することは、手段の１つにすぎないはずです。

しかし、よく言われるように、手段と目的が取り違えられて、こと勉強に関しては、混乱しているケースにしばしば出会います。

以下に紹介するのはすべて、ある同じ日のカウンセリングであったことです。

その日の最初のケースは、中学生の親でした。

その男の子は、小学生まではクラスで1、2番の成績だったそうです。でも、中学になって、少しずつ成績が下がってきていました。そのことに親がこだわりすぎて、家庭の中は険悪なムードになってきていました。

下がってきたと言っても、上位には変わりないのです。友達も多いようだし、クラブ活動にも熱心に取り組んで、子どもは楽しくすごせているようでした。

しかし、親は最難関の1つである高校への進学を望んでいて、もっと勉強しないとこのままでは合格できないと、そればかり心配していました。成績のことでしつこく干渉して、子どもが深夜に家を出てしまったり、近所の人が警察を呼ぶような親子ゲンカも、何度か起こしていました。

その高校に進学できたとしても、勉強の競争はますますしんどくなり、もっと厳しくなることをどう考えているのかと、私は親に尋ねてみました。

不思議なことに、その点は、まったく気にならないようでした。

「とにかくなんとかその高校に入りさえすればいい。そうすれば子どもは将来必

ず幸せになる」と、親は思い込んでいるようでした。

そして、まさにその部分に対して、子どもは怒りをもっていると感じました。

次のケースは、ちょうど、その難関高校の2年生の親でした。

子どもが夏休み明けから朝起きられなくなり、休むことが増えてきた。病院で検査をしたが、「身体的には問題がない、疲れているようだ」と言われたとのことでした。

2学期末は、ほとんどの科目で試験を受けられなかったのですが、親は学校に何度も掛け合って、追試に合格して、3学期にしっかり通学できれば、留年しなくてもいいという配慮をしてもらいました。実際にはますます登校が困難になってきているので、追試をクリアしても3学期に通学できるとは思えませんでした。

それでも親は**「留年さえ避けられれば」**と、そこばかりにこだわっていました。たとえ3年に進級できても、その先のしんどさ、まして大学受験などは、いまのままでは到底無理なことが明らかなのですが、そこを尋ねても、反応はありませんでした。

このケースでは、子どもの不登校は、子どもが（無意識も含めて）選択している大事な「方向転換」や「自分を見つめ直すこと」によると考えられました。

しかし、親のほうは、そのような「現実」に向き合うことを避け、目の前の問題、つまり**「子どもが起きられないことや子どもの不登校さえなくすことができれば、すべては解決する」**と思い込もうとしているようでした。

子どもにしてみれば、自分の人生の大きな問題に取り組む作業が始まろうとしているときに、混乱し動揺する親のことまで気を配らないといけないのは、本当にしんどいことだろうと、私には感じられました。

その日は、それに続いて、大学生の親、社会人の親の面接がありました。

大学生のケースは、医学部に現役で進学した男の子の親でした。3年生までは順調にきたものの、4年生で臨床実習の前にクリアしなければいけないテストに合格できなかったそうです。留年が決まった子どもに、親としてどう接していけばいいのか、という相談でした。

ずっと優等生でやってきたその子は、勉強すれば、その試験もクリアできると自信はあったようです。

でも、たとえそれをクリアできても、「その先に自分は何を目的にしてやっていけばいいのかがわからなくなった」と親に話したそうです。「しなければいけないことはわかるけれど、何をしたいのかがわからない」と、その子が必死で親に訴えたと聞いて、その切実な言葉に、私は胸を打たれました。

しかし、親は**「あと2年で卒業できるのに、そうすれば医師になれるのに」**と、その点ばかりを気にされていました。医師になれたら、他の問題なんてなんでもないという感じで話すのが、印象的でした。

子どもが心配しているのは、「たとえ医師になれたとしても自分が何をしたいのかは見つからないかもしれない」そして「それが見つからないと、この先このままで生きていくのはしんどそうだ」ということだと思われます。このケースでは、子どもが自分の悩みを親に話せたこと、この段階で自分と向き合う時間をとれたことは、子どもにとってよいことだと、話を聞きながら感じました。

さて、この日の最後、社会人の親からの相談です。若い医師の親でした。

初期研修を終えて、いよいよ医師らしい仕事が始まったのですが、患者さんや家族からきつい言葉をかけられたり、職場での人間関係がしんどかったりで、親に弱音を吐いているとのことでした。だんだんと仕事に行くことがつらくなってきているようで、朝に車で家を出るのですが、職場が近づくと違う方向に道を曲がってしまい、家に帰ってきてしまうことが何度もあったそうです。

いまは、母親が車で職場まで送っていき、帰りも迎えに行っている状況とのことでした。うつ病かもしれないし、病院にかかるようにと両親もすすめていますが、子どもは「それは絶対に嫌だ」と拒否している、とのことでした。

さて、これらのケースをまとめてご覧になって、どう思われたでしょうか?

いずれのケースでも、親は子どものために必死で応援しようとしてはいます。しかし、子どものほうは、いまのやりかたでやっていくのが、もうしんどくなっているようです。それでも親は、そのしんどさが見えないかのようにふるまっています。

とにかく、先に進みさえすれば、いまの問題はなんとかなるから、と思い込ん

でいる。いや、思い込もうとしているように、私には思えました。

「高校にさえ入れたら」
「留年さえしなければ」
「大学にさえ合格できたら」
「医師にさえなれたら」

とにかく、いまの目の前の壁を乗り越えたら、なんとかなるからと、先に進めようとします。しかし、高校に進んでも、大学に進んでも、それだけで問題が解決するわけではありません。

さらに最後のケースでわかるように、医師になっても、そこでしんどくなることはありえるのです。これは、少し冷静に考えたらわかることだと思います。

「そうしたほうがいい」と言われたことを上手にこなしてきた優等生でも、どこかで壁に向き合うことになります。自分がしたいことであれば、しんどくてもがんばれるでしょう。しかし、自分が何をしたいのかよくわからない状態のままでは、いわゆる「修羅場」と言えるような試練に出会ったとき、乗り越えられない可能性が高いでしょう。

そのような場合には、いったん立ち止まって、自分の気持ちやその先の人生についてじっくり考えてみるという姿勢は、むしろ正しい対処法だと言えるのではないでしょうか。

子どもが自分から動き始めるのを待つこと。また、たとえ親から見たらつまらないことであっても、そして子どももすぐに興味をなくしてしまうとしても、子ども自身の興味があることや、やりたいことを大切にすること。そのような接しかたが親には求められます。

その理由は、結局、**そのような接し方によってこそ、子どもが自分は何をやりたいのかに気がつく可能性が高まる**からだと、私は考えています。

そして、立ち止まったり、やり直したりするのに、遅すぎることはないと思います。そのような多くの例は、みなさんの周りにもたくさんあるはずです。

私の子育てを支えてくれた言葉

育児は楽しみも大きいけれど、いろいろ大変だし、心配でもあります。

私には、子育てをしながら不安になると、いつも思い出す話があります。「そういう人もいるんだ」と知っておくだけで私は少し気分がラクになったので、読者のお父さんお母さんの中にも、同じようにラクになる人がいればいいなと思って紹介します。

大学時代、私は京都に住んでいました。30年以上前のことです。当時は銭湯に行くのが日課でした。

そこで知り合いになったEさんという男性がいました。タクシーの運転手さんで、証券会社に勤めていたけれど、自由が欲しくてやめたのだと聞きました。

当時、Eさんには男の子が生まれたばかりでした。会うたびに、サウナの中で赤ん坊の様子を話してくれました。奥さんも仕事をされていたので、Eさんもミルクをあげたりオムツを替えたり、保育園の送迎もされていました。

私はまだ十代で、赤ん坊のことは何もわからないので、たいへんだろうなと思っていました。そのEさんの育児の考え方が、とても変わっていたのです。

「いや、田中くん、たいへんはたいへんやけどな。でも、おもろいで。ぼくら夫婦はずっと犬飼ってたやろ。犬も可愛かったけど、今から思たら犬はものたりんわ。赤ん坊はすごいよ。笑顔が最高。もうあれ見たらメロメロやわ（笑顔になっている）。腹ばいで置いとくやろ、小っちゃい小っちゃい手で、目の前のもん触って口に入れて。自分で届かんかったら『あーあー！』ってこっち見て呼びよるんよ。すごいわ、あのひとづかいのうまさ」

「最近、はいはいしだしたんよ。もう目が離せへん。ぼく、タバコやめたんよ。タバコやライターのほうにすぐはいはいして行くねん。あぶないあぶない。狙いをつけたらタッタッタッタッと一直線。危ないもの好きやな、子どもは。お目当てのものつかむやろ、そしたらねぶるねぶる（なめる）。それでこっち見て、にたーってすんねん。自慢やろな。犬よりも気持ちが通う気がするわ」

「田中くん！　うちの子、ついに立ち上がったよ！　あーあーいうてるから見たら、コタツのはし持って、立ってんねん。足に力がびんびん入ってて、ぶるぶるなってる感じやねんけど、立ってたわ。嫁さんやなくてぼくが最初に目撃したよ。もう犬を超えたわ、人類は偉大やわ！」

「このごろな、息子な、ぷぁーぷぁーって言い出してんねん。それ僕のことよ、『パパ』。すごいわ、ほんまに喋るんよ。犬は喋らんやろ。子どもは、まあ言うたら『喋る犬』や。犬でもあんだけ可愛いやろ。それがもっともっと可愛いうえに喋りよるんやで、赤ん坊は！　ほんますごい。最高よ」

あのころは、お父さんで育児に関わっている人は、いまほど多くありませんでした。同じく銭湯に通っていた学生仲間何人かで、Eさんのお宅にお邪魔して、赤ちゃんを見せてもらったこともあります。いま思えば、奥さんも忙しかったろうによく招いてくれたものだと思います。マンションの部屋は片づいてなかったけれど、聞いていた通りの育児生活を見せてもらいました。

Eさんのおもしろい語り口と、ピュアな表現、底抜けの楽観性。最初に出会った育児の先輩がEさん夫妻だったことは、振り返れば、すごくラッキーだったと思います。

赤ちゃんを犬と比べるのは不謹慎かもしれません。でも、そういう考えで楽しんで、大事に子育てをしていたEさんの言葉は、その後、自分が父親になって育児をしだしたとき、いろいろな場面で蘇ってきました。

「こうしなければ」「こう育てなければ」などと不安になるたびに「田中くん、なに険しい顔してるんや。喋る犬やぞ。楽しまな！」というEさんの声が聞こえてきて、ラクになれたのです。

Eさんのメッセージの本質は「子どもと暮らすのは楽しい」ということだと思います。**「やらなきゃいけない仕事」ではなくて「それ自体が最高の体験であり、贅沢なんだ」**ということを忘れたらあかんよ、という。

28

ずっとスマホを見ているとき……

言いがちなことば

「スマホは
しばらく没収！」

↓

信じることば

**「大事なことだから、
意見を聞かせて
ほしい」**

スマホをいじる子どもにどう対応するか。現代の親には悩ましい問題だと思います。我が家でも、こういうことがありました。

中1の末っ子は、家を出た兄からスマホを譲ってもらって、気に入って使っていました。朝も夜も、常にＬＩＮＥの着信音が鳴っているような状態でした。

1週間ほど経ってもずっとスマホを覗き込んでいる彼の姿に、私はイライラしていました。

ある日の夕方、学校から帰って早速スマホを触っている彼に「昨日みたいに夜10時になってもスマホ触っていたら、しばらく没収するよ」と私は声をかけました。彼は「わかった」と、顔を上げずに返事をしました。

翌日の夜9時半になっても彼はスマホを触っていましたが、そこから風呂に入り、10時を過ぎてから宿題をやり始めました。

気配でそれがわかったので、私はすでに2階の寝室にいましたが、階段を降りて子どものところへ行き、**「やっぱりまだキミには早いみたいやね。時間がわからなくなってる。いまから宿題をしたら、寝るのは11時になるやんか」**と怒って、スマホをとりあげました。彼は不満そうでしたが、文句を言わず、ひとりで宿題をしていました。寝たのは11時ごろだったでしょう。

それから私は2階に上がって、妻と話をしました。年齢が少し離れている兄たちが中1のころは、スマホは使っていなかったこと。しかし、いまの時代では、中学生でも大半はスマホを使っていることなどを話し合いました。

妻からは「怒って取り上げるのはよくないよ」と言われました。そこで私は初めて、自分がだいぶ怒っていたことに気がつきました。そして冷静になって「これって、面接に来る親に私が指摘するのと同じ、よくない接し方そのものではないか！」と反省しました。

思い通りにならない子どものことを「おかしくなった」とか「精神病ではないか」などと思って心配したり、病院に連れていく親がときどきいます。これとまったく同じだと思ったのです。

スマホをやめない、言うことを聞かない子どもは病気だ、スマホ依存症だ、なので治さねばならない、というわけです。

妻からは「これはピンチではなくチャンスなんだから。話し合ういい機会なんだから」と、この本で私が書いているようなことを言われ、「明日、しっかりあの子と話してみたら」と励まされました。

カウンセラーとしても反省しきりです。でも、謝ったり、話し合ったりして、やり直す勇気こそ大事だと気持ちを立て直しました。現実の問題に出会って、失敗したり、立ち直ったりするのが人間なんだからと自分に言い聞かせて。

翌朝、まず私は、息子にあやまりました。

「昨日はごめんな。『夜10時になってもスマホを触っていたら没収』と言ったのに、『10時を過ぎて宿題をしてたから』って没収したのは間違いやったと思う」

子どもは真面目な顔で聞いていましたが、その後は何も言わずに目をそらして、食卓の上にあった学校のプリントか何かを読みだしました。いつもならスマホを触っている時間ですが、私が取り上げているので、しかたなくプリントを見ているのです。

そこで、妻が**「これは大事なことだから、キミの意見が聞きたいのよ」**と言うと、顔を上げましたが、言葉は出てきませんでした。そこで洗濯機の洗濯終了のメロディが流れたので、私と妻は洗濯物を運んで、干しはじめました。

そこへ息子が近づいて来て、しっかりと言いました。

「あのさ、没収はあかんと思う。いきなり没収するんじゃなくて口で言ってよ」

なかなか堂々としていて、わが子ながら、かっこよく見えました。

「キミの言葉が聞きたかったんや、ありがとう。没収は間違えてた。ごめんな。これからは口で言うよ」と私が言うと、子どもは頷き、食卓に戻って行きました。目には涙が浮かんでいました。彼も、勇気を持って話してくれたのだとわかりました。

もうこの先、自分は、大きな声で言って聞かせたり、物を取り上げたりはしないだろうなと感じました。

私のように、「もう自分の子どもはそういう歳じゃないんだ」ということに、親はなかなか気がつきません。「この子はまだ幼いから、こちらが命令してでも守ってやらないといけない」と思ってしまいます。そして、無理やりに言うことを聞かせようとしてしまう。

しかし、成長の機会ということで考えても、無理に取り上げて言うことを聞かせるのではなく、次は交渉の能力を育てていく段階に来ているのだと、気がつきました。

育児の問題で長年カウンセリングに携わっていても、この程度でおたおたしています。それでもやっぱり、子どもと関わるのは楽しいと思います。

29

サンタさんからのプレゼントを楽しみにしているとき……

言いがちなことば

「プレゼントを
あげてるのは
お母さんだよ」

↓

信じることば

**「サンタはいる。
大人になったら
わかる」**

不登校の中学生がいる、母親との面接でのことです。時期は年末でした。クリスマスのプレゼントの話になり、その母親が次のように言いました。

「去年のいまごろのことです。サンタさんに何をもらうか、リクエストの手紙を書いていた息子に、私の母が言ったんです。『サンタさんなんていないよ。プレゼントは親がくれているんだよ』って。そんな話をしたことが許せなくて、大げんかしました。子どもは、それでも信じたふりをしているみたいです。私には何も言いませんから。母は『そんな年になってまだ信じているのがおかしいんだから。私は認識を正しただけだ』と開き直っているんです」

そこで、私は聞いてみました。

「でも、フィンランド政府公認のサンタだけでも、何十人もいますよね。昨日のテレビニュースでも、飛行機で各国に出発する公認サンタが映っていました。あいうのは、お母さん、どう思っているんでしょうかね？」

この問いに、母親は、少しだけ心が動いたようでした。

私だったら、**「サンタを信じられなくなっている不幸なおばあちゃんを、どうやって救うか」、子どもと計画を練る**と思います。年末の時期には、面接でこの話題はよく出てくるのです。子どもにサンタを信じてほしがっている親自身がサンタを信じきれていないことが、いつも少し残念です。

プレゼントを渡している人間そのものがサンタだというのなら、サンタは親だということになるのでしょう。しかし、それだと、大阪城を作ったのは豊臣秀吉ではなく大工さんだ、と言ってるのと同じだと思います。

寒くても眠くても、子どもを起こさないように必死であの手この手でプレゼントを置く苦労。リクエストされた品薄のプレゼントを、涙が出るような努力で準備する苦労。

そんな「不合理」な行動を世の多くの親にとらせているサンタの存在を否定することは、私には到底できません。

初詣やお墓まいりも、同じですよね。**祈ったり、手を合わせる対象は、見えないし、触れないし、写真にも取れない。**それなら、神様なんていない、ご先祖さまなんていないのでしょうか。このおばあちゃんも、そうは言わないのではないかと思います。

神様や精霊など、見たり触れたりできない大いなる存在を感じ取ることは、子どもが生きていくうえで「この世はいいところだ」とか「生きていくのは素晴らしいことだ」と、根拠はないけど確信できるための力になるでしょう。

その「科学的な」おばあちゃんの心の奥にも、本当は、そういう思いがしっかり残っていると私は思います。

深刻な相談と無責任なアドバイス

20年ほど前の、ある秋の日のできごと。

私の大学の研究室に、四年生のF君が相談にやってきた。

背中に届く金色の長髪で、いつもニヤニヤと明るい彼だったのに、丸刈りになっていて、表情も暗い。

「本当は○○先生に相談しようと思って来たんすけど、いなかったんで、先生でもいいかなって……」

彼らしい率直さ。代役は望むところだ。

私にすすめられるままに、彼は椅子の背もたれを抱くように、うしろ前に座った。私はF君に、まず聞いた。

「髪、どうしちゃったの？」

F君は、髪のあったあたりをかき上げる仕草をしながら、切り出した。

「いろいろ悩んでまして。髪どころじゃなくなって……実は12週なんですよ」。

私は、F君の彼女も知っていた。

「そりゃおめでとう！　学生結婚？　それとも、事実婚？」

「いや、妊娠したのは彼女じゃないっすよ。妹なんですよ」

F君の話によると、妹は18歳の大学1年生、妹の彼氏は23歳の社会人。先週、妹が両親に妊娠を打ち明け、F君いわく「一家は混乱している」とのこと。

「彼氏も妹も堕ろす気ないんすよ」

「2人が産む気で、相手は社会人。それほど問題ないやろ?」

ところがF君は、こんな趣旨のことを言った。

「妹はまだ18歳、子どもが子どもを産むようなもの。20歳を越えていれば、デキ婚でも親戚への言い訳もなんとかつくが、こんなんじゃ、結婚式もできない」

「生活力がないのに、子どもなんか育てられるわけがない。子どもを育てることがどういうことか、妹はわかってない」

「どうしても産むなら、妹は勘当される。『盆も正月も帰ってくるな』などと、親や親戚のご意見番も一同みな怒っている」

いまのところ、親や親戚たちからの有力な妥協案は、「今回はとにかく堕ろす。20歳を越えたら、きちんと結婚式をして親戚に披露して、気に入らないけれどいまの彼氏と結婚させてやる」というもの。

ところが、妹も彼氏も「堕ろすのは絶対にイヤだ」と主張している。妹は「家を出る」と言い張っている。

やさしい兄のF君は、「どうやったら妹の考えを〝現実的に〟改めさせられるか、悩んでいる」と言った。「このままでは親戚を招いての結婚式もできないし、親戚づきあいも妹はできなくなっちゃいますから」と。

私のF君への無責任なアドバイスは、以下のようなものであった。

①「18歳でも20歳でもたいして変わりはないのとちゃう？　子どもが子どもを産む、という状況は妹が20歳になってもおそらく同じでしょ。30代の『子ども』が子どもを産んでいる世の中なんだし」

②「結婚式なんて、親戚や親が来なくても自分たちで勝手にやったらええのとちゃう？　F君は親戚に来てもらいたいの？　自分の結婚式。赤ん坊よりも、子どもを産む年齢のほうが大事な人たちやろ、会って楽しいわけないわなぁ」

③「とりあえず今回は堕ろす、ね。〝とりあえず〟って串カツの注文みたいに簡単に言うてるけど、体も心も傷つくもんやで。ましてや、妹本人が産みたいって思てるのに」

④「心配な点をあえて言えば、彼氏やろな。なんせ大学1年の彼女、あっさり妊娠させてしまうような無計画な、違うた情熱的な彼氏やろ。多分数年のうちに浮気するやろな。妹が育児でダンナに構ってられへんようになってくる。言葉も顔もスタイルもかわる。そしたら他の女性と恋に落ちるやろうな。あーつらい、寒い。F君、妹にそんなことオレが言ったたって言うなよ」

「言わないっすよ、しかし先生、読みが深いですね」

「あたりまえやろ、心理学、だてに長いことやってへんで！」

ここで私は立ち上がり、窓を開けた。

中庭の銀杏の見事な黄葉。

部屋に風が入ってきた。

「あのな、F君。妊娠やら堕ろすやら言うてるけど、生まれたら赤ん坊やで。君の甥《おい》か姪《めい》や」

この「甥」や「姪」の言葉を聞いた瞬間、F君の顔つきがさっと変わった。

心理のプロである私は、それを見逃すはずもない。

「かわいいぞ～！　3年ぐらいしたら、もう十分立派なちびっ子や。なんでも喋って走り回って。F君のこと『おじちゃん！』とか呼んで、腕にぶら下がったりするぞ。あっというまに小学生になる、もう頼りになる存在やで。そのときになってみいな。『オレはこんな可愛い子を〝堕ろせ！〟なんて言ってた悪党の一味やったんや！』と愕然となるぞ、絶対。いま、妹さん家の中で四面楚歌状態やろ。兄貴として応援したりいな。苦しいときに助けてくれたこと、人間死ぬまで忘れへんで。『お兄ちゃんにまかせとけ！　心配すんな、オレはお前の味方や！』言うたったらええねん」

「ええねんて、口先だけの応援で。30年ぐらいしたら妹さん、子どもに言うやろうなぁ。『アンタが生まれて来れたんはオジちゃんのおかげやで』って。そのころになったらな、〝堕ろせ、堕ろせ〟といま言ってる悪党一味は、もうほとんどがこの世にはおらんようになってるわ。彼氏もどっか行ってるかもしれへんけどな」

無責任きわまりないアドバイスを聞いているうちに、始めは「堕ろす」という言葉で事態を捉えていたF君が、「甥っ子」という一人の人間を頭に描くように変わってきた。もともと乗せられやすいF君なのだ。

「先生、オレ、妹を応援してやります！」

意気揚々と引き揚げていった。彼の単純さが心配になったが、私はもうそれっきり忘れていた。いちいち気にしていたら仕事なんかできやしない。

その秋から4年たったある日、同じ銀杏の黄葉のころ。F君が突然やってきた。可愛い男の子を背中にしょって。

一瞬で状況を見て取った私がにんまりして開口一番、「オレの言ったとおりやったろ？」と言った。

それを聞いてすっかり社会人らしくなった、おとなしい髪型のF君がニコっと素敵に笑った。

「ボクの両親も完全なジジバカ、バババカに成り下がってます」

「そうやろ、そうやろ」

「妹とダンナも、いまのところは、仲はいいようです、先生！」

絵本の楽しみ方と21冊のおすすめ本

「絵本を読んであげても、あまり興味を示さないんです……」

「子どもから『これ読んで』なんて言ってきたことない……」

そういう親の嘆きを、ときどき聞きます。

私は、絵本を読むのが好きです。絵本を読み聞かせるのも好きですが、自分でも読むのも好きです。選ぶのも楽しい。

夜寝る前、布団に入って、子どもと一緒に読んでいました。自分の子育て、子どもと触れ合った経験の中でも、最高に幸せな時間だったと思います。


絵本は余計な説明をせずに、書かれている通りに読むのがいいようです。

たとえば「川にかかったつり橋を」と読みかけて「つり橋っていうのはね……」などと言葉の説明を入れるような読み方は、しないほうがいいでしょう。そういうのは、いつか子どもがほかで学びます。

もちろん「つり橋ってなあに？」と子どもがたずねてきたら、簡単に答えてあげたらいいと思います。

「字を覚えさせたい」とか「感性を豊かにしたい」などの「下心」をもって絵本を選んだり、読み聞かせたりしていると、子どもが絵本を好きになりそこなうかもしれません。

絵本を読むのは、何かの目的のための手段ではなく、読むこと自体が最高の目的です。サッカーの試合を観ることや、オーケストラの演奏を聴くことと同じこと。最高の娯楽で、贅沢な時間だと思います。

絵本を選ぶときは、親が読んで、自分でも心にぐっとくるものを選ぶのがコツです。「子どもの心にぐっとくるかな」と思って選ぶよりも、自分の中の子どもの心に響くものを選びましょう。

店員さんや、保育園・幼稚園の先生にアドバイスをもらうのもいいでしょう。

いい絵本は、ありがたいお経のようで、何度も続けて読むうちに、どんどん良くなってきます。

幼い子どもの心に、魔法のようなフレーズが素晴らしい絵と一緒に届いていく、心理学的にもすごい体験です。

次のページから、いくつか、私のおすすめの絵本を紹介します。私が子育てしていたころからある、すでに「古典」となっている本ばかりです。

『へんてこ　へんてこ』
（長新太・著／佼成出版社・刊）

不思議な橋が森の奥の川にかかっていて、その上を渡ると、体がにゅーっと伸びてしまう。猫は「ねーこー」になり、狐は「きーつーねー」になる。お化けもやってくる。象もやってくる。蛇なんかやってきたらどうなるか？　私の三男は「ねーこー」などの部分はすべて合唱して、終われば必ず「もう一回読んでや」でした。

『まがればまがりみち』
（井上洋介・著／福音館書店・刊）

何より絵がめちゃめちゃにすばらしい。「ひぐれの町の曲がり道　何が出るのか曲がり道……」引き込まれるこのフレーズと、絶妙の色合いの絵。

自転車男やえんとつ男、がまなんかが出てきます。日本が世界に誇る傑作だと思います。

『がいこつさん』
（五味太郎・著／文化出版局・刊）

何かを忘れて寝つけない「がいこつさん」。忘れたことを思い出しに、街へ出ます。「それも　そうだな」が口癖のがいこつさんが、美しい青色の世界をさまよい、子どももいつのまにか「それもそうだなー」を繰り返すようになる名作。

以前、早期教育の是非に関する特集番組に、五味太郎さんは「反対」の立場で出ていました。賛成派の英会話教室の経営者の方が「子どもは、うまく導けばどんどん自分からやるようになるんです。バイオリンでもスポーツでも同じです」という意見を言ったのに対し、五味さんは「だからこそ、大人がそういうことを簡単にさせちゃダメだ」ときっぱり反論されました。

賛成派の人は「早く始めるほうが子どもはどんどん上達するのに、なぜそれをダメというのか？」と繰り返し、五味さんが反対する理由を理解しかねていました。

五味さんは、「子どもの心や子どもの人生へのリスペクトやおそれ」を大人は持つべきだと言いたかったのだと思います。五味さんの絵本を読めば、そのメッセージが伝わってきます。

そのほか、うちの子どもたちと私が好きだった絵本をいくつか紹介します。詳しい紹介は割愛しますが、タイトルに興味をもったら、書店や図書館でぜひ調べてみてください。

- **『ごろごろにゃーん』**（長新太・著／福音館書店・刊）
- **『ちょろりんのすてきなセーター』**（降矢なな・著／福音館書店・刊）
- **『落語絵本 ばけものつかい』**（川端誠・著／クレヨンハウス・刊）
- **『ライオンのすてきないえ』**（西村敏雄・著／学研プラス・刊）
- **『バムとケロのにちようび』**（島田ゆか・著／文溪堂・刊）
- **『まんぷくでぇす』**（長谷川義史・著／ＰＨＰ研究所・刊）
- **『よりみちエレベーター』**（土屋富士夫・著／徳間書店・刊）
- **『わにさんどきっ はいしゃさんどきっ』**（五味太郎・著／偕成社・刊）
- **『いつもちこくのおとこのこ――ジョン・パトリック・ノーマン・マクヘネシー』**（ジョン・バーニンガム・著／あかね書房・刊）
- **『あくたれラルフ』**（ジャック・ガントス・著／童話館出版・刊）

ここからは、絵本以外の、子育ての参考になるおすすめ本を紹介します。

『子どもの宇宙』
（河合隼雄・著／岩波新書・刊）

「子育ては、人間というとてつもない生き物の心が育っていくのを間近で目撃するすごい体験なのだ」ということのガイドブックのような本。

心理学に興味のある方は『ユング心理学入門』も楽しめると思います。

『魔法のしつけ』
（長谷川博一・著／ＰＨＰ研究所・刊）

「しつけは不要」と言い切る名著。子どもがすごく悪いことをしたときこそ、叱るのではなく「あなたは私にとって大切な子だ」と伝えることが「魔法のしつけ」だという考え方を知ったとき、私はなんだか世の中が好きになり、子どもと過ごすことも、ぐっと楽しくなりました。

『トラウマ返し』
（小野修・著／黎明書房・刊）

子どもが親に対して文句を言ってくれる「幸せ」をしっかり味わおう、という教え。なぜそうなのか、説得力のある説明があります。この覚悟を親が理解していることが、子どもと親を救うカギに必ずなります。中学生や高校生の不登校の相談に来られた保護者の方に、まずおすすめしている本です。

『子育てはいつもスタート——もっと〝親〟になるために』
（池添素・著／かもがわ出版・刊）

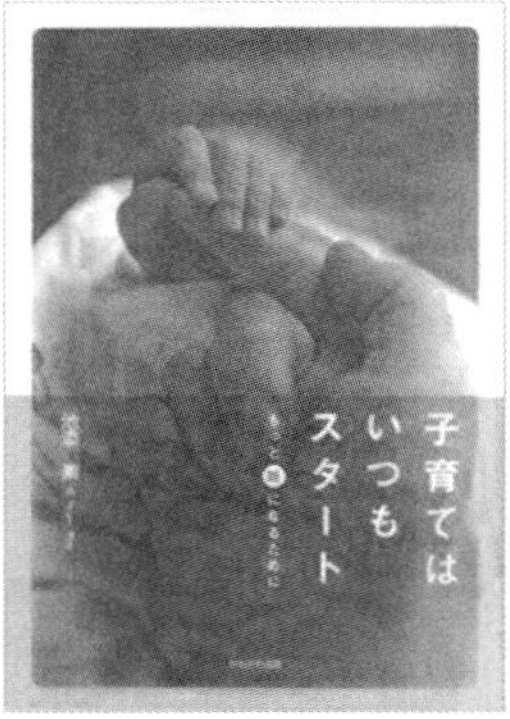

京都市で長年療育に関わってきた著者が「3歳まではいっさい叱ることはいらない」と明確に主張します。子どもが何かをこぼしたり壊したりしたら、それは大人の環境調整の問題である、と。読めばその日から、子どもへの向き合い方が変わり、育児が楽しくなると思います。

『子どもと生きる・あまえ子育てのすすめ』

(澤田敬・著/童話館出版・刊)

著者は小児科医として28年間勤務されたあと、児童相談所で12年間勤め、多くの命に関わる深刻なケースを経験しています。

子どもにいろいろな問題が現れたとき、親が子どもを受け入れ、やさしく大事に接して「あまえ」を受け入れることで、弱っていた心が癒され元気になっていくことを、臨床のケースを紹介しながら説かれます。

そして、その過程で、親もまた自分のなかのあまえたい心、あまえられなかった思いが癒され、子どもと一緒に幸せになれるとも言います。

ご存じの通り、虐待やDVなどの問題は深刻化しています。これは、きれいごとや絵空事ではないことがわかると思います。

『旦那さんはアスペルガー』
（野波ツナ・著／コスミック出版・刊）

専門書で自閉スペクトラム症（ASD）の特徴をいくら調べても、一般の人には理解するのが難しいと思います。そこで、パートナーや子どもがASDの特性が強いかどうか悩んでいる方にまずすすめるのが、この本です。アスペルガーの夫と一緒に暮らし、違和感も夫のいいところも、リアルに紹介されます。

『発達障害の子どもたち』
（杉山登志郎・著／講談社・刊）

ASDの特徴、診断、療育、教育の問題。そして家庭での対応、青年期・成人期の問題などをテーマに、「子どものこの先長い人生に、親としてどう向き合うことが望ましいのか」を、実例を多くあげながら説明されています。『子ども虐待という第四の発達障害』（ヒューマンケアブックス・刊）もおすすめです。

『小児科医のぼくが伝えたい 最高の子育て』

（高橋孝雄・著／マガジンハウス・刊）

「どの子どもも素晴らしい素質を持っているから、親がすべきことは、その才能が花開くのを温かく見守ること」という主張。

子どもと、とくに母親へのやさしさにあふれています。

「最高の子育て」というタイトルですが、「普通に」育てるのが最高なのですよ、という内容です。

「ラクに育てても大丈夫、子どもは幸せに育ちます」と現役の小児科教授がここまではっきり言うのは勇気のいることでしょう。苦しんでいる子どもや親を救いたい、という決意が感じられる素晴らしい本です。

本の最後、著者が幼かった頃のお父様の記憶が紹介されています。

たった一言の愛情深い言葉、受け入れてもらう体験、それをお父様は子どもに送ることができたのだなと、何度読んでも胸が熱くなります。

おわりに

この本の原稿を書き終えた、1月の終わりの朝。中学1年生の息子が、サッカー部の朝練のため早めに家を出たのに、しばらくして戻ってきました。玄関を開けて「水筒」とひと言。「スパイクも忘れてた」とも聞こえました。切なそうな声でした。台所に置かれたままだった水筒を、玄関で手渡しました。息子はスパイクの袋を持ち、無言で出て行きました。

学校までは徒歩10分ほどです。息子は「車で送って」とは言いませんでした。私も「送ろうか」とは言いませんでした。「この前も忘れたやろ」とか「前日にカバンにスパイク入れといたら」とも、言いませんでした。

月曜の朝から出鼻をくじかれて歩いていく息子の姿や、その気分、朝練に遅れたら先輩になんか言われるかな、などと思いながら、コーヒーを飲みました。「送ろうか」と言わなかったのは、教育的な効果を狙ったのではありません。「しんどいめにあったら今度は気をつけるだろう」ということではないのです。もし「父さん、送ってくれへん?」と言われたら、喜んで送るつもりでした。

めんどくさがりの彼が、以前であれば言ったであろう「送って」を言わなかったのは、「この失敗は自分で味わいたい」ということだろうなと感じました。この試練に自分だけで向き合うプライドを、親に示したのだと。

210ページで紹介した「母親は子どもに去られるためにそこにいなければならない」という論文のポイントは、「去られる」と「そこにいる」です。子を責めるのでもなく、手助けするのでもなく、ただそこにいること。それは苦しく、切ないことです。でも、親がそういう気分を味わっていることを、子どもは感じます。そして「自分が信頼された」ということも、きっと感じています。

このような、日常の中の些細で切ない別れが積み重なって、親の心の中に、子どもの人生へのリスペクトが育っていくのだと思います。この本を読んでくださった方が、育児の果実ともいうべきこのような場面を見逃さずに味わえること。少しでもそのお役に立てれば、この本を書いた意味があったと私は思います。

本書の執筆を熱心に勧めてくださり、実現させてくれた編集者であり若き父親である今野良介さんに感謝の気持ちを記します。ありがとうございました。

最後に、家を出てそれぞれの道を進んでいる三人の息子たちと、あと少し一緒にいてくれる末っ子、そして妻に。いつもありがとう！

田中茂樹

［著者］
田中茂樹（たなか・しげき）
1965年東京都生まれ。医師・臨床心理士。文学博士（心理学）。京都大学医学部卒業。共働きで4児を育てる父親。
信州大学医学部附属病院産婦人科での研修を経て、京都大学大学院文学研究科博士後期課程（心理学専攻）修了。2010年3月まで仁愛大学人間学部心理学科教授、同大学附属心理臨床センター主任。専門領域は、fMRIを用いた高次脳機能の研究および失語や健忘などの高次脳機能障害。
現在は、奈良県の佐保川診療所にて、プライマリ・ケア医として地域医療に従事。病院と大学の心理臨床センターで17年間、不登校や引きこもり、摂食障害やリストカットなど子どもの問題について親の相談を受け続けている。これまで5000回以上の面接を通して、子育ての悩みを解決に導いてきた。著書に『子どもを信じること』（大隅書店）、『認知科学の新展開4 イメージと認知』（共著・岩波書店）などがある。

子どもが幸せになることば

2019年２月27日　第１刷発行
2019年11月18日　第５刷発行

著　者――田中茂樹
発行所――ダイヤモンド社
〒150-8409　東京都渋谷区神宮前6-12-17
http://www.diamond.co.jp/
電話／03･5778･7236（編集）　03･5778･7240（販売）
ブックデザイン―杉山健太郎
カバー・本文イラスト―ニシワキタダシ
本文DTP――桜井淳
校正――――加藤義廣（小柳商店）
製作進行――ダイヤモンド・グラフィック社
印刷――――堀内印刷所（本文）・新藤慶昌堂（カバー）
製本――――加藤製本
編集担当――今野良介

ISBN 978-4-478-10626-6

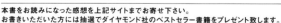